图书在版编目(CIP)数据

可爱的纽约小旅行 /(泰)维维泰；普拉译. —重庆：重庆出版社，2017.2
书名原文：New York Guggig Guide
ISBN 978-7-229-11284-4

Ⅰ.①可… Ⅱ.①维… ②普… Ⅲ.①旅游指南—纽约
Ⅳ.①K971.29

中国版本图书馆CIP数据核字(2016)第133935号

版权核准号字(2014)第215号

© Panida Iemsirinoppakul,2016.
Simplified Chinese language translation rights arranged through Chengdu Tongzhou Culture Communication Co.,Ltd.

可爱的纽约小旅行
KE'AI NIUYUE XIAOLÜXING
[泰]维维泰 著 普拉 译

责任编辑：钟雨颜
责任校对：何建云
装帧设计：重庆出版社文化发展有限公司·刘忻蕊

重庆出版集团
重庆出版社 出版

重庆市南岸区南滨路162号1幢 邮政编码：400061 http://www.cqph.com
重庆出版集团艺术设计有限公司制版
北京天宇希旺印务有限公司印刷
重庆出版集团图书发行有限公司发行
E-MAIL:fxchu@cqph.com 邮购电话：023-61520646
全国新华书店经销

开本：880 mm×1 230mm 1/32 印张：8.75 字数：100千
2017年2月第1版 2017年2月第1次印刷
ISBN 978-7-229-11284-4
定价：35.00元

如有印装质量问题，请向本集团图书发行有限公司调换：023-61520678

版权所有 侵权必究

妈妈爸爸决定我们十二点出发，果然还没到十二点，他们就已经准备好行装，准备出发时。我倒转头望，他们就以悄悄地溜过来。

但是，我一到达那大得可以养鲨鱼的泳池，就又将日常回到十二点小时，我爸爸妈妈很快的游水锻炼身体，时间也在他们的游泳里，一分一秒地消去……

我想他们一切很开心吧。

虽然，他没有他们那么多能量地游来游去，但我很高兴他们终于找到一起相处的方法了。

起码不是整天顿著脸，一声不响，就是许多事情，以免再起争执，回到家乡之后也一样继续。

明天又是继续快乐的旅程回家乡了，又名东漂吗？我看他们可以忘记那些烦心的事的。

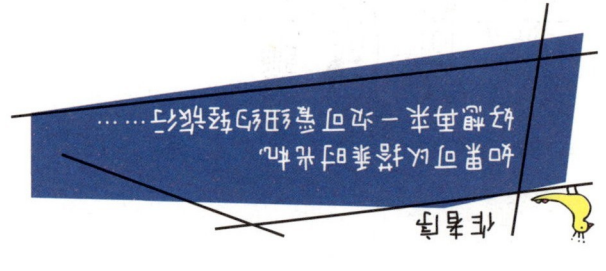

作者话：
如果可以挥挥的来和好起来一下可恶得已灵活吗……

我越想越心动,第一次意识到我们以后,竟然没了一个文化的共同——相信。

与文化的共同。

我们想着我们过的节日,而且我们那还有各自的家和什么呢?

知道真的可以随便地来我的家,你会随便回去做什么呢?

我们是说,才能完全意识到其来……

合得恰到好处，我们毫不厌倦地欣赏路边街景、小鸟大树与品尝美食，足迹走遍了整个曼哈顿岛。

知果我们真的可以让时光倒流，也许我会想回去一次又一次，沉浸在这里的每一个角落。

就算真的无法让时光倒流，我还是想把这一段美好的时光、春季蕴藏在风中的温暖时光、繁杂中的甜美时光，以及在这一座城市度过的轻松时光分享给你们。

让我们一起……迈向那一段时光吧！

可爱时尚达人 娃娃

CONTENTS  目录

作者序
如果可以搭乘时光机，好想再来一次可爱纽约轻旅行……/001

New York UP and DOWN 纽约上下城 /004
● 搭乘地铁就出发，纽约我来了哦！

Soho 苏活区 /013
● 世界精品、特色小店聚集地，时髦女孩的购物天堂

Nolita 诺利塔 /033
● 街头服饰、特色餐厅、风格商店，想逛街、吃美食来这里就对了

Lower East Side 下东城 /045
● 纽约文化熔炉，异国美食、酒吧、流行服饰店林立

West Village 西村 /063
● 充满欧风的小巴黎、艺术家聚集的格林威治村

Union Square 联合广场 /092

Flatiron District 熨斗区 /093
- 逛新鲜农场市集，吃热腾腾美食，漫步于最美的路街

Midtown 中城 /115
- 曼哈顿岛的中心！必朝圣的观光景点、购物街、歌剧院

Upper Side 上城 /135
- 以中央公园为分界，上西城 V.S 上东城，新时代与旧传统

New York Nidnid Noinoi 纽约大街里的小巷 /156

Brooklyn 布鲁克林区 /193

NEW YORK UP and DOWN

纽约上下城

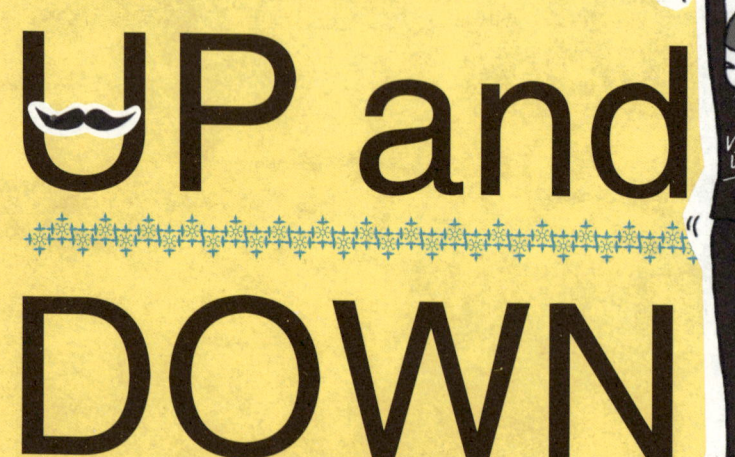

搭乘地铁就出发,纽约我来了哦!

　　现在在我手上的纽约地图,让我深深地感受到这座城市的广大。一张地图将一座城市分成两大块,根本无法将整个曼哈顿岛(Manhattan)放在同一张地图上,这还不包括在另一张地图的布鲁克林区(Brooklyn)。但纽约之大对旅行一点都不会造成问题,因为这里的都市规划很整齐,将街道划分成一个个街区,十分便于查看地图,在寻找店家时,也很容易找到正确的方向,就算迷路了也很快就会发现,马上就能回到原点,比起欧洲的大街小巷,逛起来更轻松。不过,还是有一些比较老旧的区域,仍保留其原始风貌,尚未改变成新式的街区风格,如金融区(Financial District)、翠贝卡(Tribeca)与西村(West Village)。

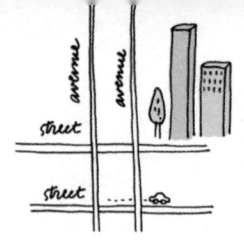

而且路名也不复杂，有一个简单的规则，就是东西方向的路称为"街"（Street），而南北方向的路称为"大道"（Avenue），皆按照数字排列，因此很好记又好找。从苏活区（Soho）的休斯敦街（Houston St.）以北的第一街（1st St.）开始算，而大道则是从最东边的 D 大道开始依序排到 A，接着是第一大道（1st Avenue）再以数字排列下去。而从南方往北通向中城（Midtown）的主要干道就是百老汇大道（Broadway），这一条路线是古时候人们的重要交通路线，同时也是切分东西边的一条分界线。

地铁也是相当方便的交通工具，搭乘的时候想知道该从哪一边上车，第一个步骤就是先确定你要"上"（Up town）还是"下"（Down town）。在布鲁克林区也是用同样的方式来确定方向"上"或"下"。

"Up town"指的是从我们所在的位置往上城走，"Down town"则是往南边的下城，他们用不同的颜色区分地铁路线，并以数字及英文字母命名。搭乘纽约地铁一点都不困难，想要查询目的地在哪条线，都可以在地铁站索取路线图查看，但如果想从东半边跑到西半边，转乘路线就会比较复杂一点，如果有三四个人一起同行且非塞车高峰时段的话，也许可以考虑利用出租车的服务，因为分摊下来其实跟搭地铁的费用差不多，喔……可别忘了还要给司机先生小费喔！地铁的车资采用均一价，无论搭几站都是花一样的钱，如果你要在纽约多玩几天的话，建议购买无限搭乘卡（Unlimited Ride），有分成一天与七天的无限搭乘，以及其他更多票种供选择。

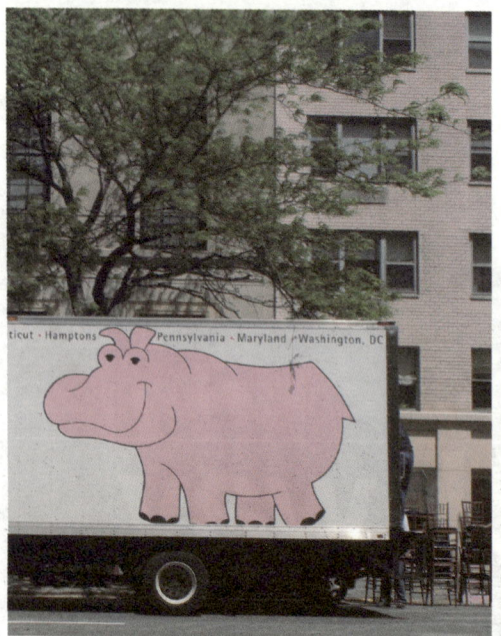

纽约的地铁站,又是当地人口中的"subway",有装潢漂亮的新站,也有旧旧暗暗、气氛有些可怕的站,但大部分地铁站的墙壁,都可以看见以马赛克瓷砖装饰出经典款的设计感,点缀成该地铁站特色景点的主题。像是第五大道站就会有一大堆动物排排站,因为这一站靠近中央公园动物园站(Central Park Zoo),从某一个出口出去会遇到企鹅群,从另一个出口出去会发现猴子家族,还有可爱的蜗牛大队。每一个出口都有让人意想不到的惊喜,下一站会遇见哪种主题的马赛克瓷砖,也为旅行添加了另一种乐趣。

出发前可以到以下网址下载纽约地铁图哦!
www.mta.info/maps/submap.html

Typography & Graffiti
印刷艺术与涂鸦

　　回溯到 1920 年，街头涂鸦，又称为"Graffiti"的活动开始流行遍布整个纽约地铁站，是嘻哈文化的要素之一。我认为这也是这里的魅力之一，整个城市到处都可以看到色彩奔放的涂鸦艺术作品，无论是墙上或地上，无论走到哪里，仔细观察就会发现隐藏在涂鸦背后的讯息与含意。

　　我喜欢这个大城市中的另一种美感，就是到处皆可见俯拾即是的印刷艺术，无论是广告词、店家招牌，甚至是房子的门牌，利用各式各样的字形艺术来混搭，仿佛让整座城市变成了巨型的艺廊，走到哪儿都能欣赏得到。

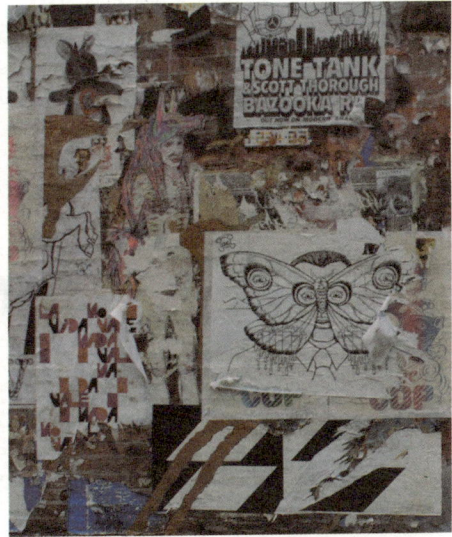

...; Sat: 8am-7pm;
...com
012 **10**

...Gaulish village which
...ht of Rome, so Glaser's
...ast the pervasive
...ng instead strud...
...eir renowned blac...
The shop was ope...
ex-pat in 1902, and ...
his grandsons from
...mises, whose modish
frontage hides an earlier,
...aling dark wood and
...terior.

...u d'Or

...n Street, NY 10022
...38 8133
...2noon–3pm
...-10pm

11

...u've been praised as the *ne*
... of authentic French cooking
...ew York Times and Esquire,
...nge? Even if that was back
...60s. The restaurant's interior
...menu are perfectly preserved,
...d booths and paintings on
...ls, to the *Navarin d'Agneau*,
...would be a mistake to dismiss
...u d'Or as mere kitsch; this is
... French food in charming and
...rtable surroundings.

...UBWAY
...N

E. 60th Street, NY 10022
212 223 8929
...-Sat: 11am–4am;
...: 12noon–4am

12

...abby, grubby and vaguely disrepu-
...ble bars like this once littered the
... this 1930s stalwart while

Tel: 212 247 2562
Daily: 11.30am–3am
thelandmarktavern.org

14

Much has changed since The Land-
mark was built in 1868. Its waterfront
location became just another city
...treet when landfill widened the
...stern edge of Manhattan, and what
was once a roughnecks' drinking hole
is now a restaurant and bar. It's a
well-worn stop on the tourist trail, but
the 19th-century interior has been well
maintained and at quiet times it's an
atmospheric pla...

KIOSK
SIMPLE, EVERYDAY, ANONYMOUS THINGS

HEADPHONES
JAPAN

Established in 1942, Ashidavox started out
manufacturing domestic speakers. In 1959
they invented the stereo headphone; since
then they have been producing new and
high quality sound systems. Their brand
is known all over the world for progres-
sive technology. What we offer is a retro
looking headphone with great sound. Can be
used on any kind of electronic equipment
that has a headphone jack. Great with the
iPod and iPhone.

WWW.KIOSKKIOSK.COM

CH...
365...
Tel: ...
Lunc...
Dinn...
Fri & ...
chezn...

kit... ...rseen by 87-year-old
Grand... ...arguerite Bruno, with
her daugh... ...grandson assisting
front of house. Untouched by passing
trends, the restaurant still attracts a
loyal following.

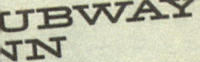

RUDY'S BAR & GRILL

627 Ninth Avenue, NY 10036
Tel: 212 974 9169
Daily: 8am–4am
rudysbarnyc.com

16

Rudy's is perhaps a little too proud of
its dive bar status, as are some of the
self-consciously louche customers, but
this is the real deal regardless, a Hell's
Kitchen fixture since the 1930s. Dark
and grimy with tattered booths and
cheap beer, their famous free hot dogs

BILL'S GAY NINETIES

57 E. 54th Street, NY 10022
Tel: 212 355 0243
Mon–Fri: 11.30am–12.30am;
Sat: 4.30pm–12.30am
billsnyc.com

19

Being an anachronism has been Bill's
business since the 1920s, when the
eponymous Mr Hardy opened his
...eakeasy, enlisting the stars of an
...er era to entertain patrons made
blasé by the city's huge number of il-
legal drinking dens. Neither the repeal
of prohibition in 1933, nor the passing
of the original Bill and his entertain-
ers, has dampened the Gay Nineties'
devotion to past times. From the
jockey at the entrance to the wooden

telephone booths, dark panelling
walls filled with old photographs
is an hermetically sealed refuge
the modern world, and long ma...
stay that way.

Soho 苏活区

世界精品、特色小店聚集地，
时髦女孩的购物天堂

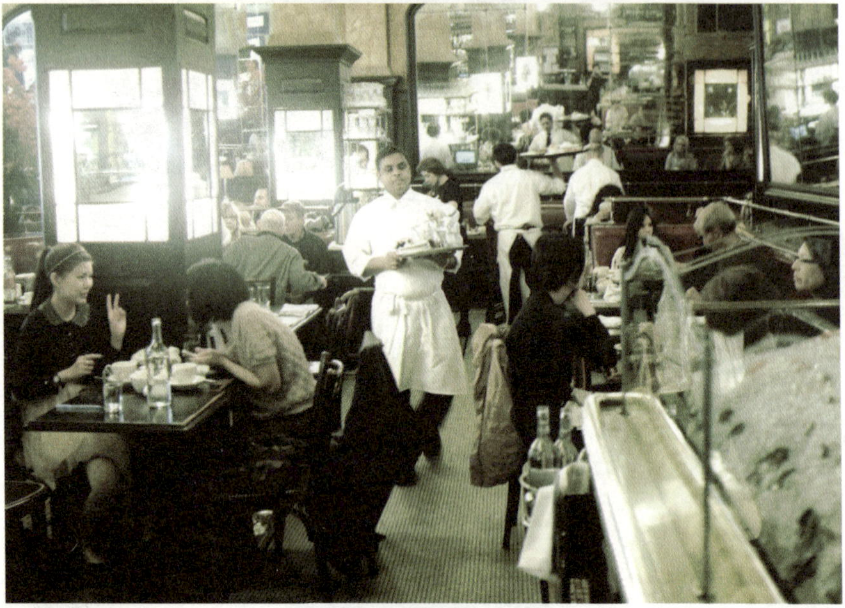

DAMN
GOOD
ADVICE
(for people with talent.)
George Lois

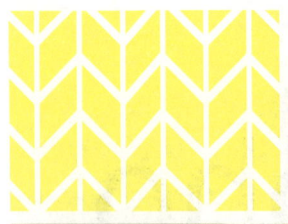

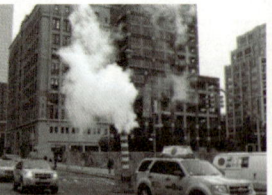

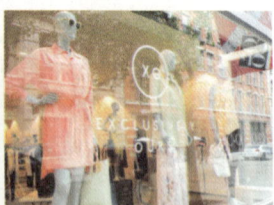

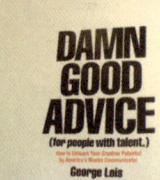

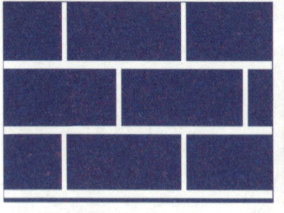

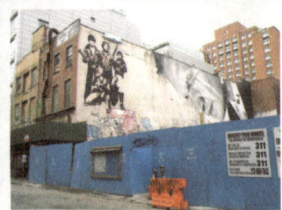

苏活、诺利塔与小意大利（Soho、Nolita、Little Italy）是纽约市中心彼此紧邻的三大区，都有各自的特色。苏活区是保护铸铁建筑（Cast Iron）的古迹区，保留了当年现代化的足迹。而在1840到1880年，这种建筑特色非常受欢迎，整个纽约大约有250处铸铁建筑，而大部分就是集中在苏活区。

由于我们所熟悉的苏活一词，在其他地方通常是用来称呼当地的华人区，让我一度以为纽约的苏活也是一样，到处都是华人的身影。但事实上，纽约的苏活却与众不同，苏活"Soho"一词来自"休斯敦以南"（South of Houston），没有热闹非凡的华人，因为纽约的唐人街"中国城"（China Town）就在苏活的隔壁而已。苏活区开始恢复热闹，成为热门逛街购物区，是从20世纪70年代开始，当时有许多艺术家与商家进驻，因租金低廉而租用曾经是工厂或仓库的地方。如今苏活区充满了许多各式精品店，不仅有走高档路线或独家设计的品牌，还有古色古香的特色老餐厅、复古风的咖啡厅、吸引人潮的艺廊与艺术空间等等。

016

这样好吗

　　Kiosk 搜集了兼具设计感与实用性的特色物品,包括了复古风格的产品,让人怀念儿时的味道,以及来自世界各地的设计产品。大部分是来自亚洲,包括日本、印度、尼泊尔等等,而欧洲的部分则是以斯堪的纳维亚为大宗。我曾偷偷问过店员有没有来自泰国的东西,亚裔面孔的店员摇头说没有呢,可能是老板还没有跑到泰国,才没有机会从泰国挑选商品在店内贩卖。

除了商品颇具特色之外，我还喜欢他们陈列商品的营销设计，提供了每件商品的故事或设计概念，不管是文字或设计都很有趣，不只显现出 Kiosk 特有的品味和风格，更让我们更深入了解商品背后的故事。

🏠 2F, No. 95 , Spring Street, Soho, New York NY 10012

🕒 周一~周六 12:00 ~ 19:00/ 周日公休

Ⓜ N、R 线，prince St. 站 /6、C、E 线，Spring St. 站

➤ www.kioskkiosk.com

Opening Ceremony

超亮眼！像办奥运一样的时装店

第一次被 Opening Ceremony 吸引住目光是在东京的时候，今天有机会来到发源地也不免俗地来逛一下创始店，位于霍华德街（Howard St.）的创始店是由温贝托·梁（Humberto Leon）与卡罗尔·李（Carol Lim）联手创立，他们别具慧眼的判断力，喜爱新奇又独特的衣着时尚，甚至将前卫（avant-garde）的时尚变成了这里的街头风格（只要你敢穿）。

Leon 和 Lim 挑选来自各地不同设计师的衣服，不在乎是否出自名设计师之手，只要是他们挑选过的，一定就是令人眼睛为之一亮的衣服。他们在知名度渐渐累积之后，便开始邀约设计师好友与超模科洛·塞维尼（Chloe Sevigny）一同为 Opening Ceremony 设计服装。除了商品独特之外，店面服装的陈列也是数一数二的，在各个国家的分店都有别出心裁的设计，能看到大型动物模特儿身上的时尚装扮，把 Opening Ceremony 幻化成半个服饰展示艺廊。除了装饰 Opening Ceremony 成为众所瞩目的焦点之外，Leon 和 Lim 还受到 Kenzo[①] 的邀请成为该品牌的创意总监。

　　Opening Ceremony 在纽约共有两间店面，在霍德华街的创始店，分成男装区与女装区，另一间店面则是在 ACE Hotel（见第 107 页）。

🏠 35 Howard Street, Soho, New York NY10013
🕐 周一～周六 11:00～20:00/ 周日 12:00～19:00
Ⓜ J、Z、N、Q、R、6 线，Canal St. 站
✈ www.openingceremony.us

[①] 著名时尚品牌 Kenzo，包括香水、化妆品及时装，创始人为高田贤三，日本时尚设计师。

Balthazar

时尚达人最爱的小酒馆&面包烘焙坊

坐落在纽约街头,复制巴黎原始地道平价(Bistro)风格的小餐馆。红色沙发搭配深色木质装潢,在昏黄光线的照射之下,以及店内的生蚝吧(Oyster Bar),宽广的空间却是一张一张紧邻相接的餐桌,唯一与巴黎不同的是,笑容可掬一点都不冷漠的服务生。

Balthazar 一早开店很快就人满为患,是一间颇受时尚达人们青睐的店家。我们与一位日本朋友香织相约在这里一起吃早餐(她与先生在纽约生活多年),她说吃早餐还好,不用事先订位,但如果是其他时段,很抱歉,如果不想白跑一趟最好先订位。从早餐到宵夜应有尽有,老板基恩·麦克纳利(Keith McNally)开店于 1997 年,在纽约卷起一股法式餐厅风潮,除了提供超地道的法式美食,严选食材烹调之外,还提供了葡萄酒来为酒客们润喉享用。

店门口另设有巴萨烘培坊(Balthazar Bakery),提供法式烘焙面包与各式各样的点心,如果人太多,不妨买一份坐在店外的长椅上好好享受吧!

🏠 80 Spring Street, Soho, New York NY10012（在 Broadway St. 与 Crosby st. 之间）

🕒 周一 ~ 周四 7:30 ~ 24:00；/ 周五 7:30 ~ 23:00 / 周六 8:00 ~ 23:00 / 周日 8:00 ~ 24:00

Ⓜ 6线，Spring St. 站 /N、R线，Prince St. 站

✈ www.balthazarny.com

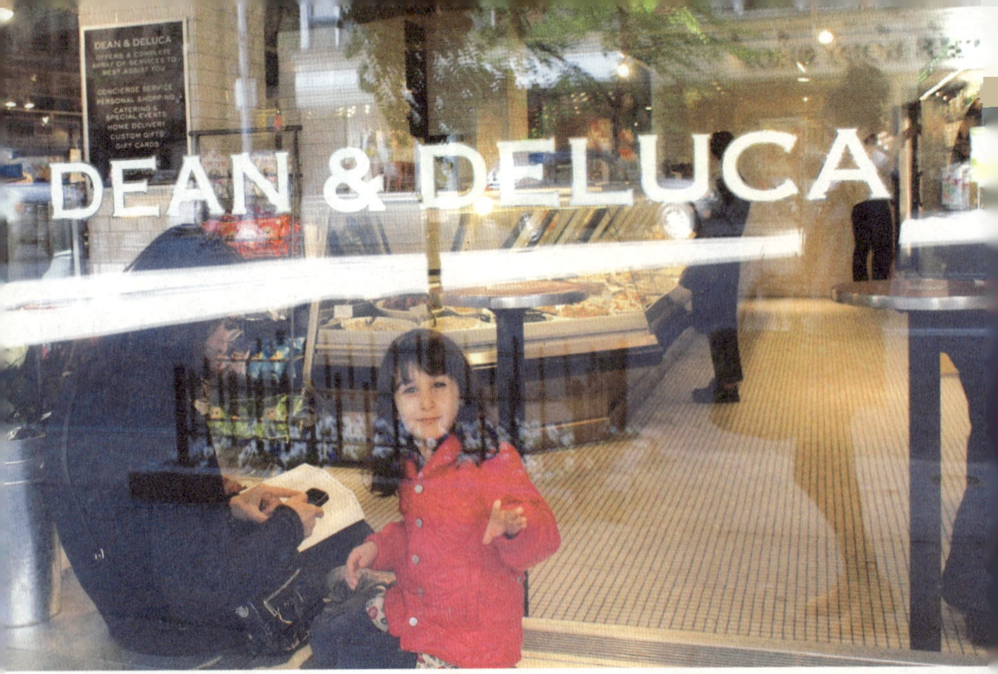
DEAN & DELUCA
DEAN & DELUCA
CONCIERGE SERVICE
PERSONAL SHOPPING
CATERING &
SPECIAL EVENTS
HOME DELIVERY
CUSTOM GIFTS
GIFT CARDS

WONDERFULLY MADE CAKES
RED VELVET
WONDERFULLY MADE CAKES
3" COCONUT
PASSION
WONDERFULLY MADE CAKES
6" COCONUT
PASSION

1837
TWG
TEA
SALTED
CASHEWS

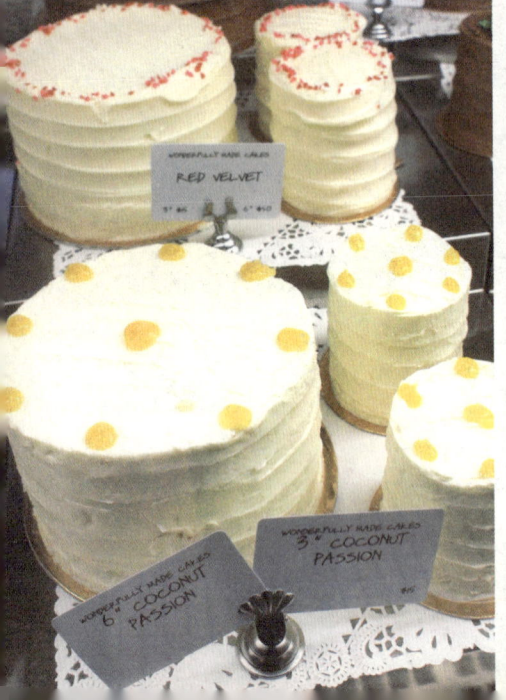

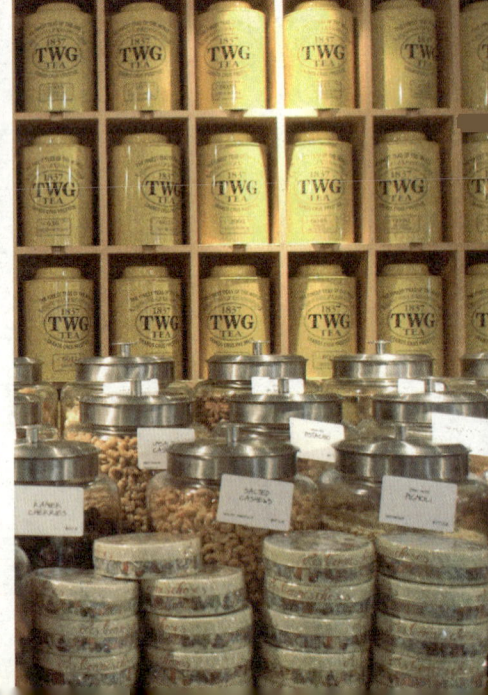

DEAN & DELUCA

买菜也能超享受！超市界的 LV

纽约风格的杂货店，从 1977 年开始引领纽约客的潮流，由三位股东乔伊·迪恩（Joel Dean）、乔治·德鲁卡（Giorgio DeLuca）与杰克·塞格里克（Jack Ceglic）一同创立，他们同样都喜爱寻找优良食材来烹煮食物，于是一起合开了 DEAN & DELUCA，提供来自各产地与进口的食材。为了让客人舒服地一边挑选食材，一边想着要买什么回去煮好，将店内的空间设计出空旷舒适感，并搭配悦耳的音乐声。DEAN & DELUCA 在苏活区创立第一家店之后，很快地在其他地方开设了更多的分店，另外也增设了用餐区，如早餐区、咖啡区，并因应各家分店的消费者特性设置不同的用餐区。除了食物与甜点的缤纷色彩，陈列于柜子上的各个包装，也都漂亮得令人目不暇接。

🏠 560 Broadway, New York NY10012（在 Spring St. 与 Prince St. 之间）

🕐 周一 ~ 周五 7:00 ~ 20:00 / 周六、周日 8:00 ~ 20:00

Ⓜ N、R 线，Prince St. 站 / B、D、F、M 线，Broadway-Lafayette St. 站 / 6 线，Prince St. 站

✈ www.deandeluca.com

Kate's Paperie

怀旧 FEEL！DIY 女孩&准新人最爱的纸类文具店

    Kate's Paperie 从 1975 年就开始与纽约人并肩生活了，有各式场合的纸类商品，有自家设计的，也有来自世界各地进口的商品，特别受到喜欢剪剪贴贴的女孩们青睐。Kate's Paperie 也很受准新人们的喜爱，有不少即将踏上红毯的准新娘来订制喜帖，因为可以直接挑选漂亮的样品去印制喜帖，而且店内也会举办各式喜帖卡片教学的活动。我特别喜欢这里的各式小卡片与严选自各品牌的字条，有些美得让人舍不得用。以前 Kate's Paperie 在整个曼哈顿到处都是大大小小的分店，后来因为经济低迷，这类文具店只好缩小规模，最后只剩下这间总店继续为客人服务。

🏠 435 Broome Street, New York NY10013（位于 Broadway St. 与 Crosby St. 之间）

🕐 周一～周三 10:00 ～ 17:00 / 周四～周六 10:00~20:00 / 周日 11:30 ～ 18:00

Ⓜ 6 线，Spring St. 站 / N、R 线，Prince St. 站 / B、D、F、M、线，Broadway-Lafayette St. 站

✈ www.katespaperie.com

Eileen's Special Cheesecake

老字号！纽约 No.1！饕客大推的奶酪蛋糕

　　艾琳婆婆果然厉害，做奶酪蛋糕做到被《纽约时报》（*New York Magazine*）评选为"Best Bites"。在草创时期，这一带还是荒凉的地段，不如现在热闹，艾琳婆婆还是坚持在这里烘焙点心到处外送，后来艾琳婆婆的名声越传越远，众多媒体争相采访，从店里头贴满的报章杂志便可知道受到不少饕客的信赖。艾琳婆婆的店里不注重时尚装潢，依旧保持老字号的怀旧气氛，但是不得不说的是，一吃就上瘾、想一吃再吃的美味口感。平常我不爱吃冰凉的点心，奶酪蛋糕也不是我的最爱，但是艾琳婆婆却让我魂牵梦萦，甜甜咸咸的口感堪称曼哈顿岛上第一名的奶酪蛋糕。

🏠 17 Cleveland Place, New York NY10012

🕐 周一~周五 9:00 ~ 21:00 / 周六~周日 10:00 ~ 19:00

Ⓜ 6线，Spring St. 站

✈ www.eileenscheesecake.com

NYC
Love
COFFEE

MEENS
i enjoy
SHE JUST ATE SOAP, BECAUSE SHE THOUGHT IT WAS candy!

027

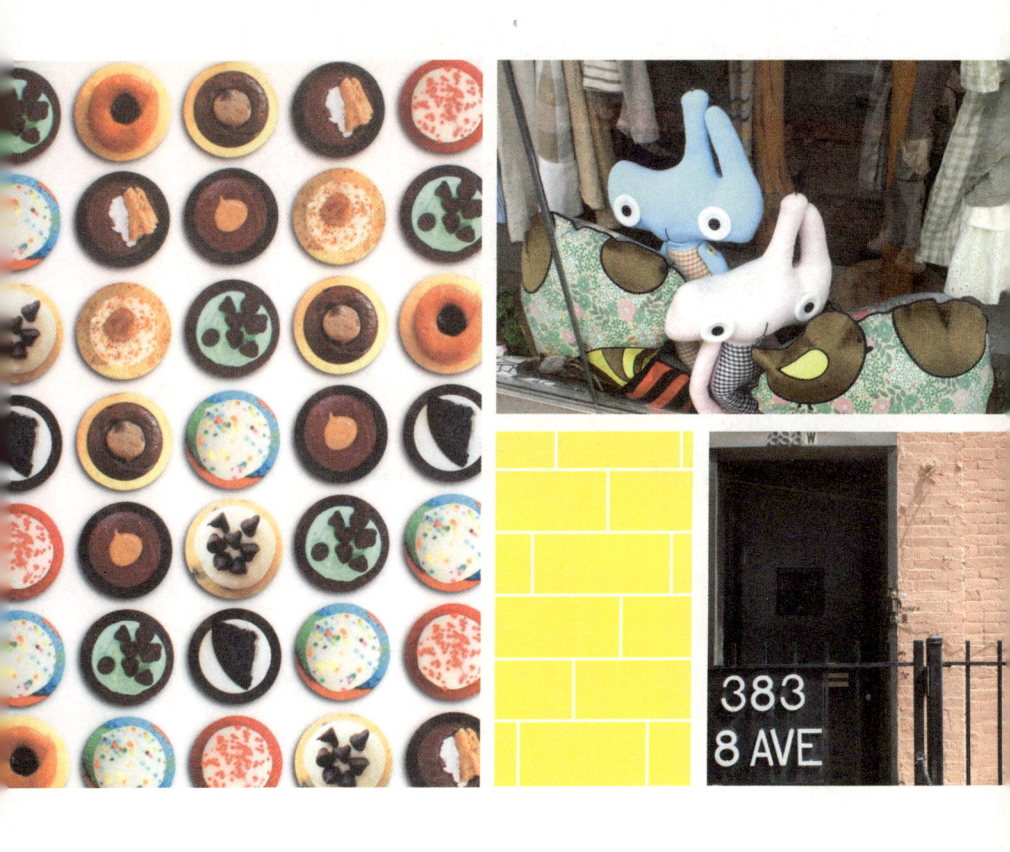

Purl Soho

复古花纹花布！女孩们必逛的手工艺店

在众多时尚品牌名店之中，这间手工艺材料店，给人一种温暖少女的气氛，不只是因为他们卖的毛线、扣子、布料、缎带的材料风格，还有态度亲切的店员与坐在店里制作手工艺品的女孩们，以及很多细腻温馨的小细节散落在店内的各个角落。Purl Soho 还卖我们常看到美国进口且印有复古花纹的棉布，和日本进口的棉布略有不同，图案有 20 世纪 50 年代的风格。结集手工艺相关的书籍区也值得一看，有来自众多出版社的新奇创意 DIY 手工艺书，选择相当多样化。

- 🏠 459 Broome Street, Soho, New York NY10013
- 🕐 周一~周五 12:00 ~ 19:00 / 周六~周日 12:00 ~ 18:00
- Ⓜ 6 线，Spring St. 站 / N、R 线，Prince St. 站
- ➤ www.purlsoho.com

Treasure & Bond
一起做公益！风格生活用品店

购物也能做善事，一起做公益吧！

两层玻璃外墙的大楼内部，陈列着日用品、流行服饰、设计小物、书籍，以及不定期举办的特卖活动，Treasure & Bond 的精神就是将所得收入扣除成本开销之后，老板会将款项捐给各慈善机构或基金会。我无意中在 High Line 纽约空中公园的博客上发现这家店最新的公益活动讯息，就循线来到实体店面，看到各式各样的创意商品；一边购物，一边做公益，真是一举两得，有机会的话不妨顺道去挖宝喔。

- 350 West Broadway, New York NY10013
- 周一~周六 10:00 ~ 20:00 / 周日 11:00 ~ 19:00
- A、C、E 线，Canal St. 站
- www.treasureandbond.com

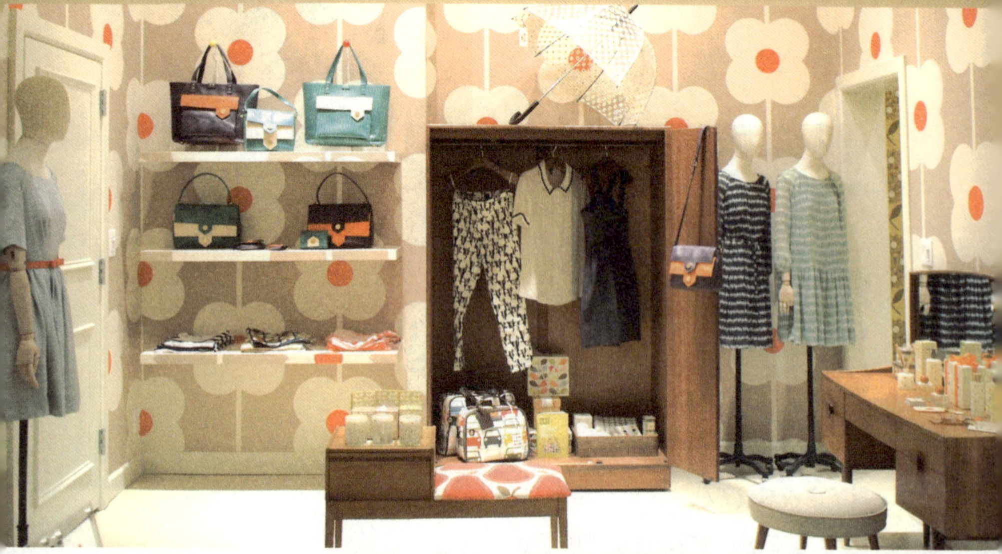
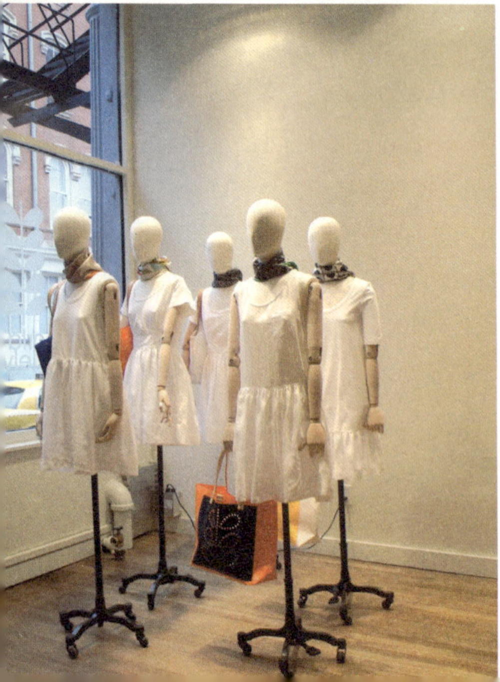
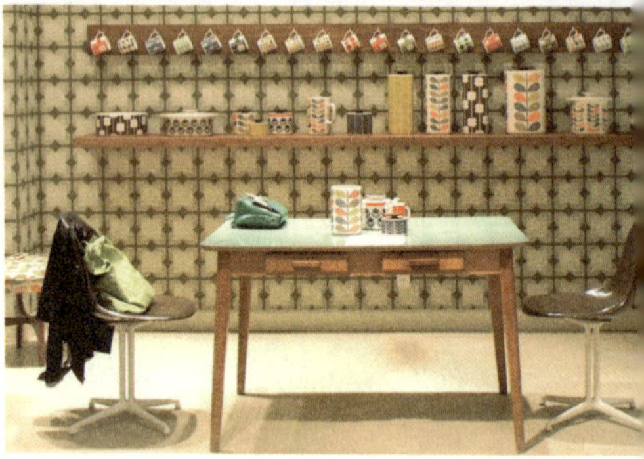
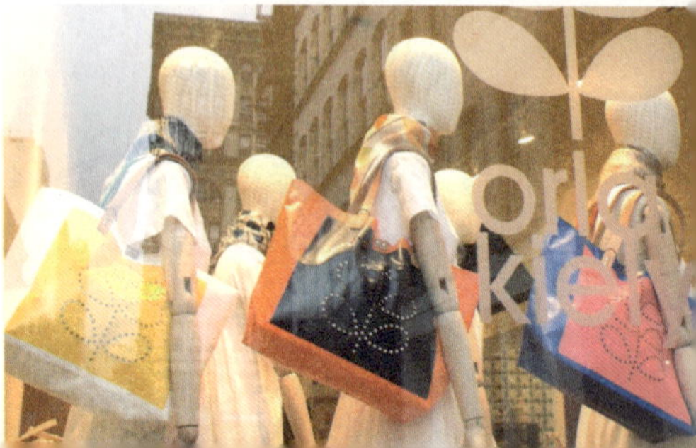

Orla Kiely
从简单图纹到独创的生活品味

从英国跨海过来开门市，不知道为什么每到一个国家，只要哪里有 Orla Kiely，就一定要来逛一下，而且明明知道卖得比英国贵还是想来看，感觉就像来看老朋友一样。

奥兰·凯莉（Orla Kiely）是一位住在英国伦敦的爱尔兰籍设计师，她从设计帽子起家，后来以具有特色的印花布图纹而广受好评。位于纽约的这家分店占地较大，装潢和气氛与伦敦不尽相同，木质地板与高挑的天花板让空间看起来更宽阔，欣赏老朋友的视觉感官相当舒服。另外，还将两三个角落空间装潢成居家的房间，展示全系列商品，不亚于伦敦总店。

🏠 5 Mercer Street, New York NY10013（位于 Canal St. 与 Howard St. 之间）
🕒 周一~周六 11:00 ~ 19:00 / 周日 12:00 ~ 17:00
Ⓜ N、R 线，Canal St. 站
✈ www.orlakiely.com

Anthropologie

每个都好想买！女性专属的生活用品

　　一间专为女性打造的生活馆，提供了所有的生活用品，如衣服、帽子、伞、杯子、碗盘、用餐垫等，店内装潢在视觉上给客人舒适的感受，但是荷包一点都不舒适，因为到处都是令人心动的东西。我很喜欢 Anthropologie 的居家商品，手工细腻，设计优美，不时也有由艺术家设计的系列商品，让人十分惊喜；装潢素材区也很可爱，经由 DIY 改造的小技巧，就能直接装饰在家里的柜子上。他们在纽约有很多家分店，切尔西市场（Chelsea Market）那里也有喔。

🏠 375 West Broadway, Soho, New York NY10012
🕒 周一~周六 10:00 ~ 21:00 / 周日 10:00 ~ 20:00
Ⓜ C、E 线，Spring St. 站
✈ www.anthropologie.com

Nolita
诺利塔

街头服饰、特色餐厅、风格商店，
想逛街、吃美食来这里就对了

Kiosk

玩味的乐趣！充满世界性的商品设计

　　在苏活区琳琅满目的咖啡厅与精品旗舰店之中，有一道神秘的楼梯带领我们前往一家秘密小店，途中经过的两侧墙壁都喷上看似杂乱却隐藏含意与店名的涂鸦，若没有注意的话可是不会发现的。看到这家店的入口，我不敢一个人走上去，心里怪不舒服的，它给人的感觉像是老旧公寓，似乎还潜藏着不为人知的秘密。这就是没有眼见为凭，只要我们还没有亲眼见到事实，想象力就会带我们到天马行空的世界，因为实际上 Kiosk 拥有非常独特的魅力。

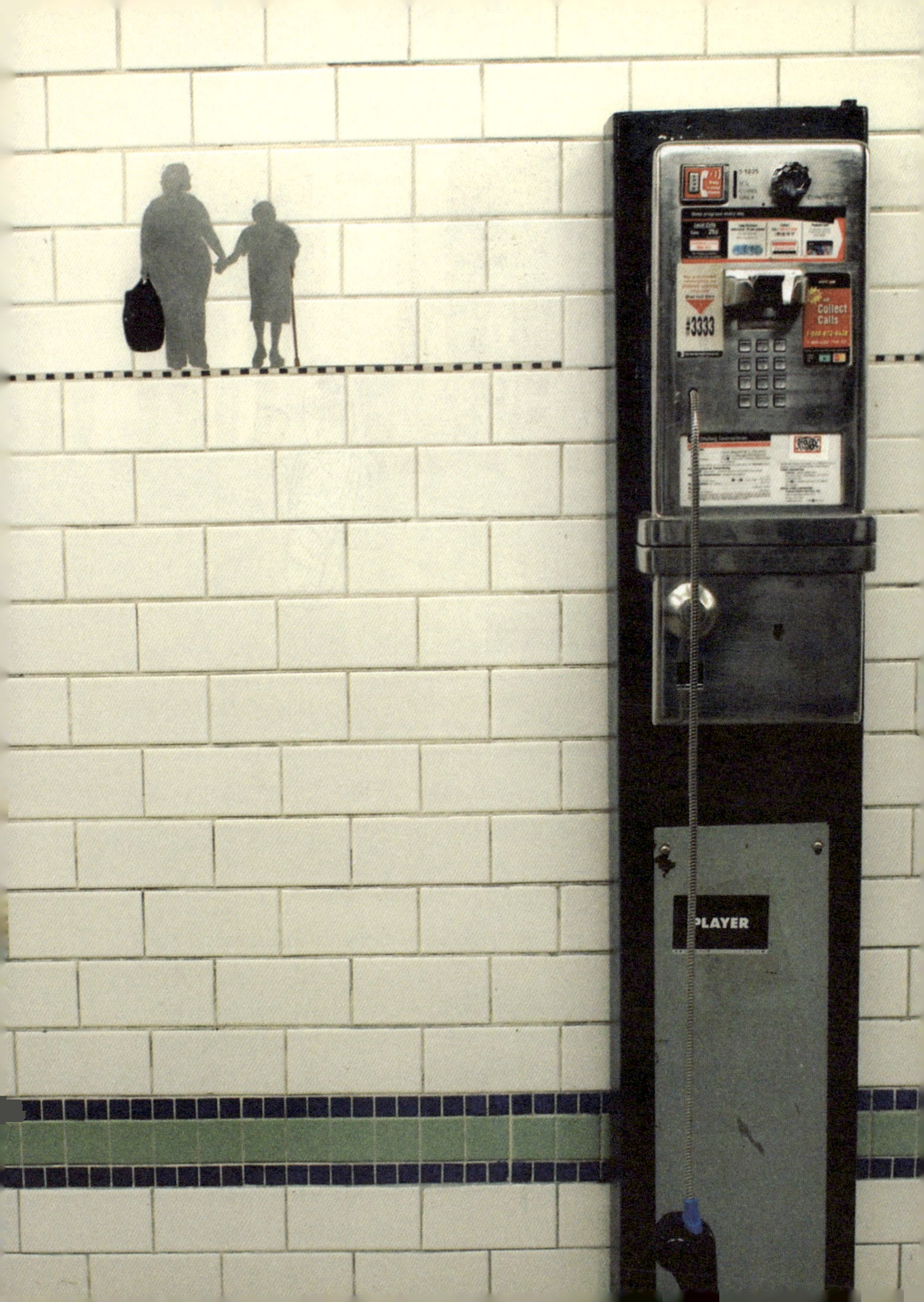
#3333
Collect Calls
PLAYER

各式各样
的商品

In God We Trust

混搭风的人气精品店

　　小小精品店，但是在纽约就有三间店面，创始店在布鲁克林的威廉斯堡（Williamsburg），是一间人气相当高的精品店，以混搭风格（MIX & MATCH）著名，搭配出玩味的乐趣，不分男性、女性，也有漂亮的皮件与饰品，而且只要贴上 In God We Trust 的牌子，保证就是当地生产的喔！

- 🏠 265 Lafayette Street, New York NY10012
- 🕐 周一~周六 12:00 ~ 20:00 / 周日 12:00 ~ 19:00
- Ⓜ N、R 线，Prince St. 站 / 6 线，Spring St. 站 / B、D、F、M 线，Broadway-lafayette St. 站
- ➤ www.ingodwetrustnyc.com

STORE

New Museum of Contemporary Art

叠叠乐！纽约新当代艺术馆

　　银色四四方方的盒子叠叠站在包厘街（Bowery）上的楼房与商店之中，正是纽约新当代艺术馆所在的位置。自从1977年创立之后，经过数次的搬迁，算是第二次世界大战之后，纽约的第一座大型艺术馆，由马莎·塔克（Marcia Tucker）创办，她曾经是纽约四大艺术博物馆之一的惠特尼博物馆（Whitney Museum of American Art）的策展人，发现新一代艺术家的作品大都无法与传统的艺术作品并肩展示，于是索性安排适当的空间，专门作为当代艺术作品的集中地。

　　这栋大楼加地下室共有九楼，从外观上看来，像是六个高低不一的盒子堆叠而成，她特意设计出不同的楼层高度，打造出灵活的展览空间来容纳多样化的作品，并展示新时代的无限创意及实验性强的艺术作品。这里的作品展示丰富，而一楼的商店也有纪念性伴手礼的书籍与创意产品。

🏠 235 Bowery, New York NY10002
🕐 周三、周五、周六 11:00 ~ 18:00 / 周四 11:00 ~ 21:00
Ⓜ 6线，Spring St. 站 / N、R线，Prince St. 站 / D、F线，Broadway-Lafayette St. 站 / F线，2nd Ave. 站
➤ www.newmuseum.org

> 叽叽咕咕
>
> 　　这栋方盒子建筑物的外面有一朵灿烂红色的玫瑰花，这是一位德国雕塑家 Isa Genzken 的装置作品，名为"Rose Ⅱ"，最初创作于1993年，而这一朵是专门为这里量身打造的。

ROSE II

CROISSANTS
BAGUETTES
& BRIOCHES

LEATHER
JACKET
8

MAD
ABOUT
CHEESECAKE

Universalscene
42 Free
Classes
Call
212-
WRITERS
www.otdowntown.com
downtown
www.otdowntown.com

041

042

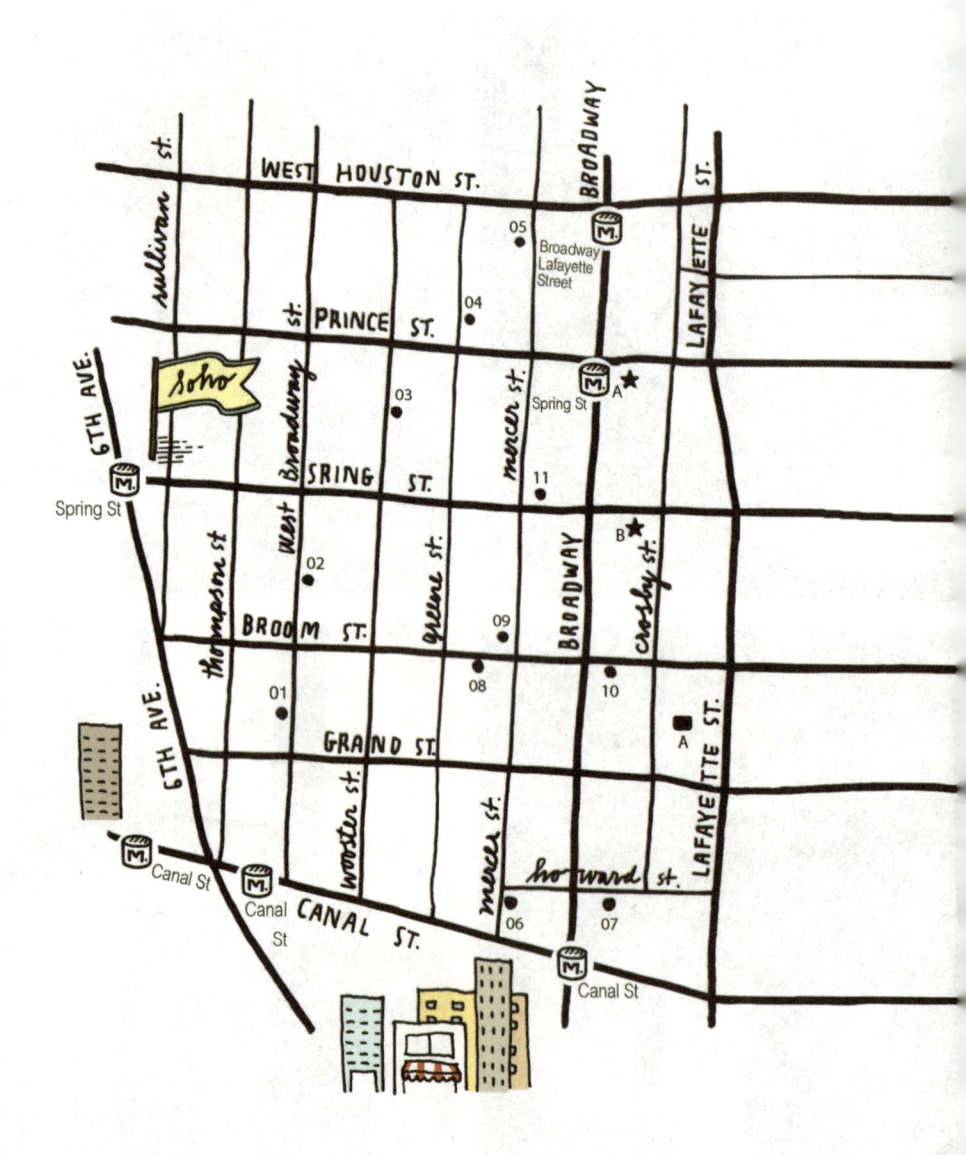

MAP

- 地标、商店、市场、百货公司、饭店、公园、娱乐地点。
- ★ 餐厅、咖啡厅
- ■ 博物馆、艺廊
- 🚇 地铁

- 01– Treasure
- 02– Anthropologie
- 03– Baney's CO-OP
- 04– Apple store SOHO
- 05– Marc Jacobs
- 06– Orla Kiely
- 07– Opening Ceremony
- 08– Purl SOHO
- 09– Kate Spade
- 10– Kate's Paperie
- 11– Kiosk

★ A – Dean and Deluca
★ B – Balthazar
★ C – Eileen's

■ A – Children's Museum of the Arts
■ B – New Museum of Contemporary Art

ooking on from the left are
tor, and representa
eer, regional repres
Stephen, deputy n

Lower East Side
下东城

纽约文化熔炉，异国美食、酒吧、流行服饰店林立

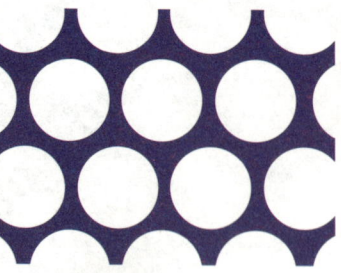

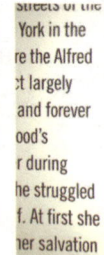

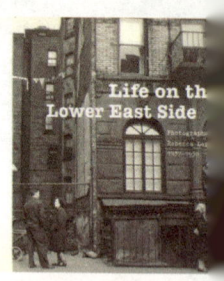

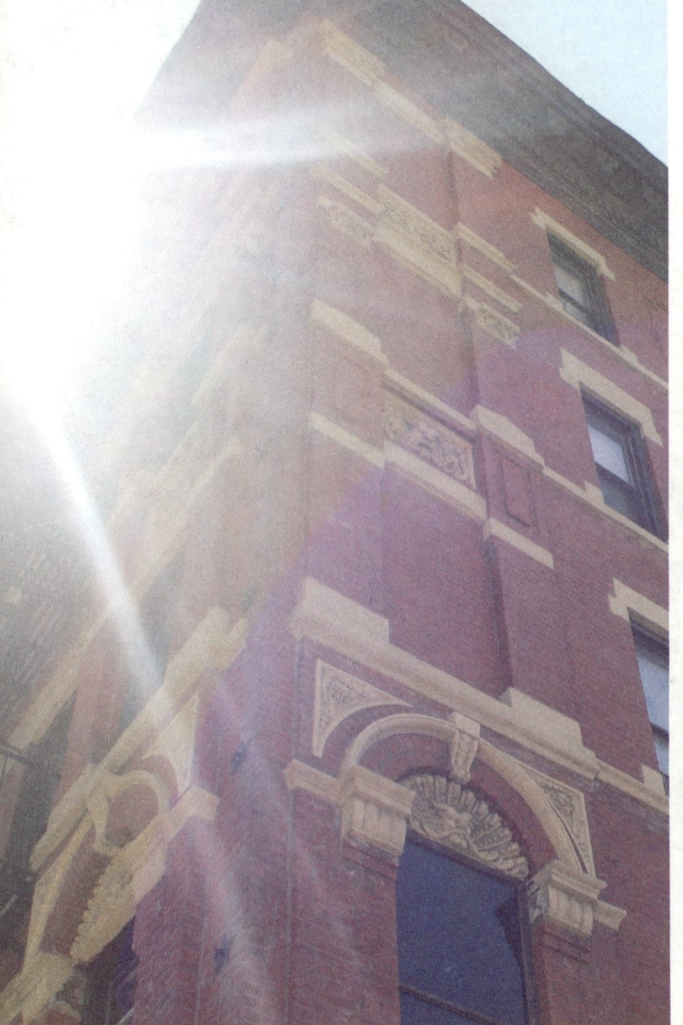

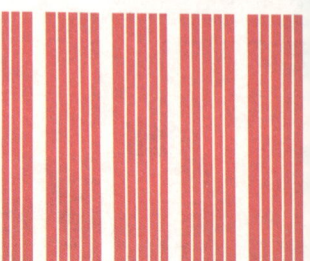

Life on the
Lower East Side

以前是犹太人移民区，经历数百年的变化，下东城现在变成了纽约颇具特色的地方之一。这一带拥有多元文化，即使曾经住在这里的犹太人都已经搬走了，但华人街就在不远处，加上新生代的市民们、琳琅满目的酒吧与复古流行服饰店，包括排列得密密麻麻、独具特色的红砖楼移民公寓（Tenement），亦散发其独特魅力。

而位于北方的东村（East Village）与字母城（Alphabet City）相邻，这里在20世纪60年代时聚集了艺术家、歌手、音乐人与嬉皮士等等，许多新时代的音乐、文化，如朋克摇滚与后现代主义艺术（Postmodern）的安迪·沃荷（Andy Warhol）都是发迹于此地。如果要比较东城与西城，若你喜欢欧式古老风格、悠闲气氛的咖啡厅的话，西城会是个不错的选择；如果你喜欢风格强烈一些的话，推荐你到东城找个传说中的酒吧，慢慢地啜饮这一区的独特气氛，也另有一番风味。

048

049

Lower East Side Tenement Museum
下东城移民公寓博物馆

在纽约有很多地方致力于推广当地的相关历史，还安排了每一区的观光行程，我非常喜欢这样的精心安排，因为除了宣传观光之外，也能让游客更深一层地了解到当地的文化背景。像是下东城，他们就将这里作为历史信息中心，用照片诉说着过去的人们的生活点滴，开放影片放映室，以及带你参观老旧楼房；一楼的展示则详细记载了每个家族的故事。另外，还规划了多种路线的散步行程，让你轻松漫步于楼房公寓或老旧的商店街，皆有行程时间表可参考，费用大约一个人 20 美元。

🏠 103 Orchard Street, New York NY10002

🕐 周日 10:00 ~ 18:00（感恩节、圣诞节与元旦公休）

Ⓜ B、D 线，Grand St. 站 / F 线，Delancey St. 站 / J、M、Z 线，Essex St. 站

✈ www.tenement.org

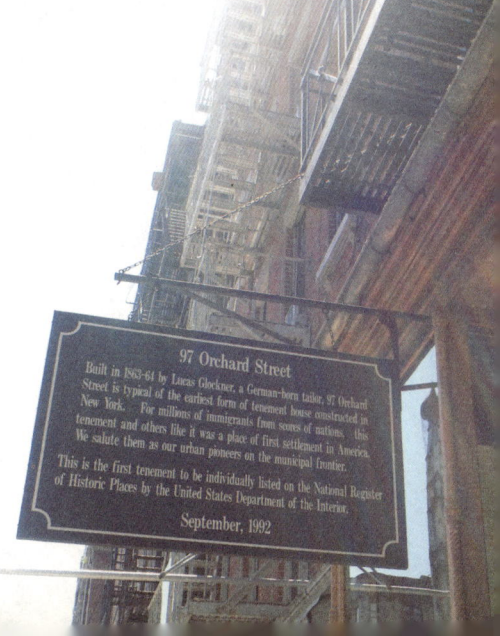

97 Orchard Street

Built in 1863-64 by Lucas Glockner, a German-born tailor, 97 Orchard Street is typical of the earliest form of tenement house constructed in New York. For millions of immigrants from scores of nations, this tenement and others like it was a place of first settlement in America. We salute them as our urban pioneers on the municipal frontier.

This is the first tenement to be individually listed on the National Register of Historic Places by the United States Department of the Interior.

September, 1992

Gluten Free CORN BREAD $3.95/slice

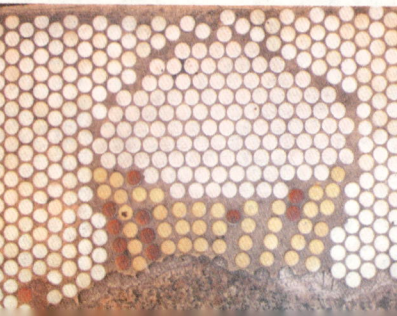

Gluten- Ban... Bre... $3.95

小朋友
最爱吃的蛋糕

Babycakes
美食不是罪！天然美味的蛋糕

  这家看起来像准备破坏健康的蛋糕店，以选用对健康有益的材料为特色。无论是杯子蛋糕，还是甜甜圈，这些重量级甜度的点心，都是老板严选食材所制作而成的，让喜爱甜点的女性们吃起来零负担又超满足。大部分的材料皆为天然有机产品且无任何添加物，使用来自稻米的天然淀粉，以天然果糖代替砂糖，做出来的点心才会散发出天然的香气与美味。Babycakes的杯子蛋糕是人气商品，接受过许多杂志的采访，从女店员到蛋糕师傅们，大家的打扮都很甜美可爱，手臂上的刺青却成了明显的对比，但也降低了不少甜腻感。比起杯子蛋糕，我最喜欢吃的点心是甜甜圈，不会太甜且刚好爽口，让人很想一吃再吃啊。

🏠 248 Broome Street, New York NY10002

🕐 周一、周日 10:00 ~ 20:00 / 周二~周四 10:00 ~ 20:00 / 周五、周六 10:00 ~ 23:00

Ⓜ F线，Delancey St. 站 / J、M、Z线，Essex St. 站 / B、D线，Grand St. 站

✈ www.babycakesnyc.com

Katz's Delicatessen

教父级！每一口都超满足的汉堡店

容我形容这家店非常的"教父"，因为非常有早期帮派的气氛。Katz's Delicatessen 自 1888 年开始营业，以前的下东城充满了不同种族与宗教信仰的难民家庭，这家店就变成了大家的聚集所。主要卖的食物是腌牛肉，可以任意挑选搭配的吐司面包，并依照个人喜好加入其他佐料，包括与腌牛肉绝配的腌黄瓜，或是也可以点配菜如汤或生菜沙拉，但是没有猪肉喔，因为他们主要信仰犹太教，不提供猪肉或有壳的水产等等禁忌食物。进去店里之前，服务生会发给每个人一张票券，离开时就是用这张票券结账，这是这家店的规定，为了防止客人混水摸鱼吃霸王餐，而且如果票券弄丢的话，可是要被罚 50 美元喔。

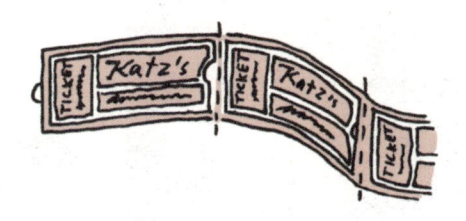

- 205 East Houston Street, New York NY 10002（Ludlow St. 的转角）
- 周一~周三 8:00 ~ 22:45 / 周四 8:00 ~ 2:45 / 周五 8:00 开始营业 / 周六 24 小时 / 周日营业至 22:45
- F 线，2nd Ave. 站 / F 线，Delancey St. 站 / J、M、Z 线，Essex St. 站
- www.katzsdelicatessen.com

TG170

年轻设计师初绽光芒的少女服饰店

第一次听到这家店的名字是在 Pimdao[①]小姐接受采访的时候，她表示去逛 TG170 时，身上穿的衣服就是自己设计的 Sretsis，而 TG170 也是第一家向她购进衣服的精品服饰店。刚开始，TG170 在 170 号大楼开店，这也是他们店名的由来，经过两三次的搬迁，最后终于坐落于此。TG170 依旧维持原来精品服饰的风格，贩卖来自各地的服装，以及颇具特色的年轻设计师作品，无论是质量或打版都是精挑细筛，店内也有许多精致的漂亮洋装与独树一格的饰品。

🏠 77 Ludlow Street, New York NY10002

🕐 周日 12:00 ~ 22:00

Ⓜ F 线, Delancey St. 站 / J、M、Z 线, Essex St. 站 / B、D 线, Grand St. 站

[①]泰国知名服装设计师，三姊妹在大学毕业前共同创办了品牌 Sretsis，受到国际时装界的关注。

Ellen Christine Millinery

百变穿搭的复古风格服饰店

伴随下东城相当之久的一家复古风格服饰店，老板的名字和店同名啦！

艾伦（Ellen）小姐曾经担任时尚彩妆师，现在开了一家服饰小店，除了贩卖从她的衣橱里拿出的压箱宝复古服饰，也会到各地采买衣服。即使店面比较小，但是名牌复古服装与母亲衣橱的复古衣着，保证让你尽情享受随性穿搭的乐趣。

123 Ludlow Street, New York NY10002

周一~周六 13:00 ~ 19:00 / 周日 13:00 ~ 18:00

F 线、Delancey St. 站 / J、M、Z 线、Essex St. 站

www.ellenstorenyc.blogspot.com

Russ & Daughters

百年老店！最好吃的熏鲑鱼

　　提供美式与犹太食物的店家。由于这一带曾经有很多犹太人居住，所以有不少贩卖犹太食物的商店，而 Russ & Daughters 则是近百年老店，在 2013 年才刚刚庆祝了百年纪念日，可以说见证了整个下东城的兴盛繁荣。起初是用简单的推车叫卖，开店之后依旧在下东城区营业。这家店荣获各个媒体的好评推荐，也是马莎·史都华（Martha Stewart，美国富商与著名专栏作家）最喜爱的店之一。菜

单上有好几样没有见过的食物，看起来都好诱惑味蕾，也有多种鱼子酱供选择。老板依旧保留店内原来的气氛，让我们能够细细地品尝下东城专属的怀旧味道。

🏠 179 East Houston Street, New York NY10002
🕐 周一~周五 8:00 ~ 20:00 / 周六 9:00 ~ 19:00 / 周日 8:00 ~ 17:30
Ⓜ F 线，2nd Ave. 站
✈ www.russanddaughters.com

RECOMMENDED !

HOUSTON ST.
2nd Av
A
B
Lower East SIDE
allen st.
norfolk st.
suffolk st.
01
Bowery
Delancey Street
DELANCY ST.
Essex
A
C
forsyth st.
02
Grand Street
SARAH-ROOSEVELT-PARK
allen st.
orchard st.
ludlow st.
essex st.
SEWARD PARK
CANAL ST.
CANAL ST.

MAP

- 地标、商店、市场、百货公司、饭店、公园、娱乐地点
- ★ 餐厅、咖啡厅
- ▪ 博物馆、艺廊
- 🚇 地铁站

- 01– Ellen Christine Millinery
- 02– TG170

★A – Russ & Daughters
★B – Katz's Delicatessen
★C – Baby Cake NYC

▪A – Lower East side Tenement Museum

062

West Village
西村

充满欧风的小巴黎、艺术家聚集的格林威治村

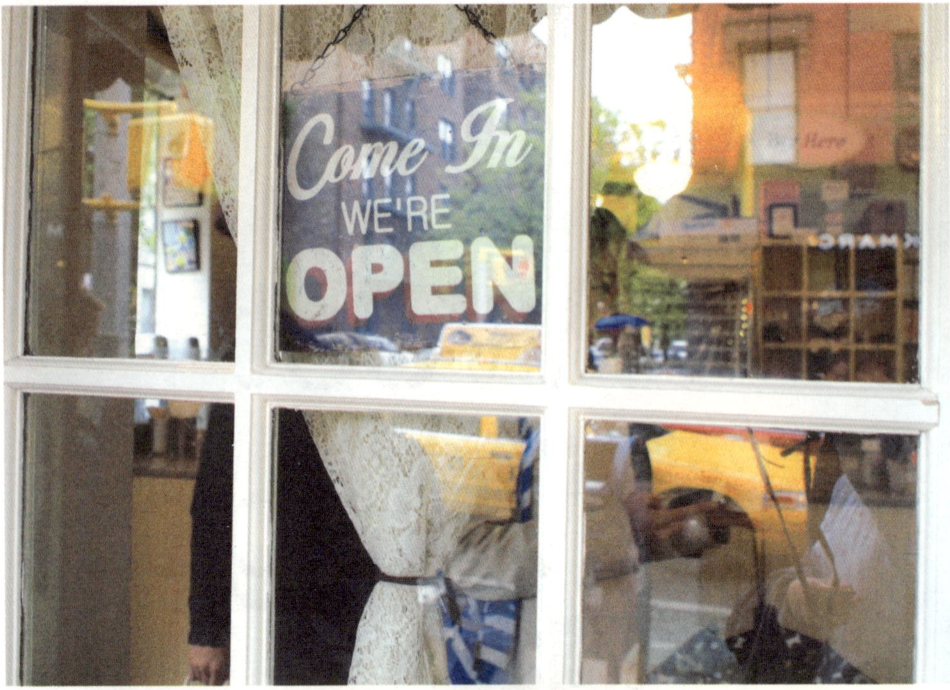
Come In
WE'RE
OPEN

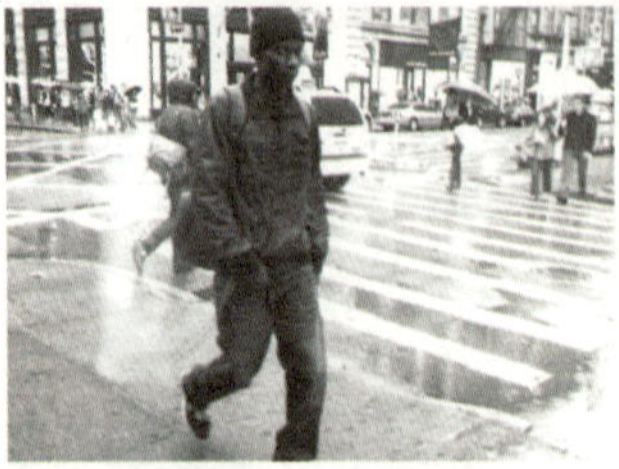

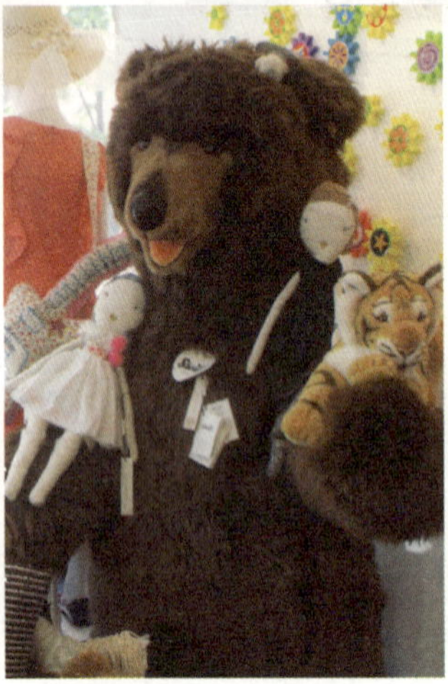

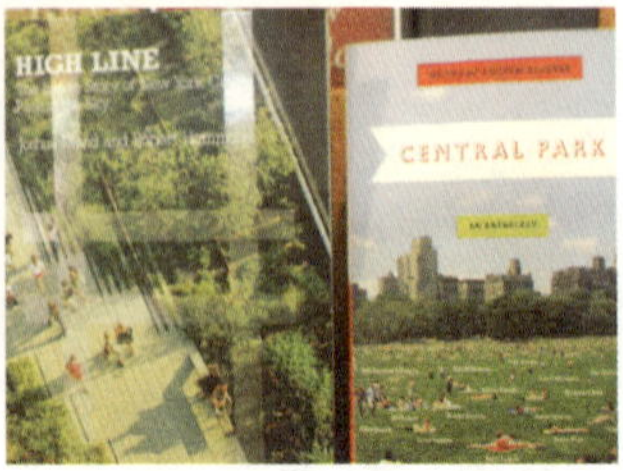
HIGH LINE
CENTRAL PARK

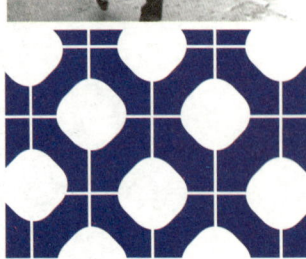

西村，或是我们熟悉的另一个名字为"格林威治村"（Greenwich Village），我非常喜欢这里，到处都是小店家或咖啡厅，书店也很多，穿插其间的名牌精品也不显突兀，气氛融合得恰到好处。这一带据说从20世纪40年代开始，一直都是同性恋者的天堂，也因为在1916年曾是波西米亚人居住与聚集地，所以被称为小波希米亚（Little Bohemia）。虽然是在商店街，偶尔又显得分外安静，静静坐落在小巷弄的住宅区，依旧保存着古老的建筑风格。由于曾经是波西米亚人的居住地，这里常常会举办一些集会活动，包括呼应当地政府进行经济发展的活动等等，而且这里还是不少名人居住的地区之一呢。

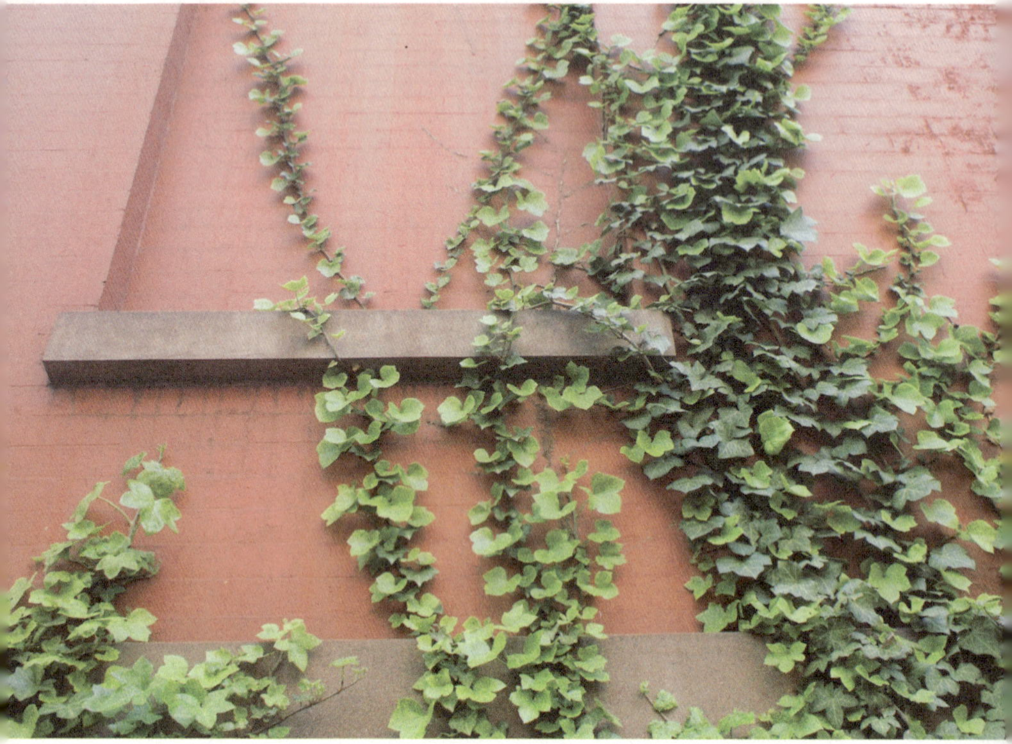

067

Greenwich Letterpress

选一张卡片，代表我最真心的祝福

从印刷家族的第一代传承到了第三代，于 2006 年时成立了 Greenwich Letterpress。

这家店非常地迷人，尤其是对于喜爱各式小卡与传统活字印刷的人，保证会在这里逛到忘我。这里以提供结婚请帖与名片活字印刷的服务闻名。店内有一个小小的办公室，两位老板不仅承接了家族生意，也是平面设计与印刷科班出身。除了由自己设计以外，也有贩卖其他品牌的设计商品，各个小巧可爱，让我逛到舍不得离开呢。

- 39 Christopher Street, New York NY 10014（Waverly Place 与 7th Ave. 之间）
- 周一 13:00 ~ 18:00 / 周二～周五 11:00 ~ 19:00 / 周六、周日 12:00 ~ 18:00
- 1 线，Christopher St.–Sheridan Sq. 站 / A、B、C、D、E、F、M 线，W4 St. 站
- www.greenwichletterpress.com

历史是
难忘的

christopher Street

克里斯托弗街

　　这一条街是纽约西半部最老旧的街道，而且在 20 世纪 70 年代以同性恋街出了名。当时整条街都是同性恋的酒吧商店与餐厅、情趣商店。虽然现在的同性恋大部分都移到切尔西一带了，但纽约客还是记得克里斯托弗街的过往风情。这里街道交错的圆环，给人一股欧洲的风味，还有可以坐在户外的咖啡厅，让人放松地欣赏风景。

嗯……
这本也好
吸引人呢

Bonnie Slotnick Cookbooks
浓厚人情味的料理书店

我承认自己就是……喜欢吃胜过自己煮，也不是不会煮，只是刚好家有熊厨①，于是煮饭一职只好交给熊厨料理比较适合，因为他比我煮得好吃多了，我就担任称职的试吃者。即使如此，烹饪类的书籍，也是我喜欢看的书籍之一。

Bonnie Slotnick Cookbooks 提供丰富的烹饪书籍，不管是近期出版的，还是历史久远的，其中有些特有质感的书，老板说如果拿去给外婆看，外婆一定看过这本。老板人很友善又可爱，可以想象以后她一定是拥有一等一的烹饪书籍库存量的外婆，如果有人问她要怎么烹煮，她可能还会递一本书代表她要说的答案（嘻嘻）。我还喜欢陈列在店门口的摆饰，除了摆放书本以外，还用蕾丝窗帘精心装饰，更添加了舒适的居家风格。店内还放置了烤箱与制作点心的工具，与书本们共享同一个空间。

🏠 163 West Tenth Street, New York NY10014
🕐 13:00 ~ 17:00 / 每周不定期休息一天（建议先打电话咨询）
Ⓜ 1 线，Christopher St.–Sheridan Sq. 站 / A、B、C、D、E、F、M 线，W4 St. 站 / 1、2、3 线，14th St. 站
✈ www.bonnieslotnickcookbooks.com

---

①在这里指的是作者老公，泛指身材高壮、擅长料理的男生。引用自日本电视节目《铁人料理》。

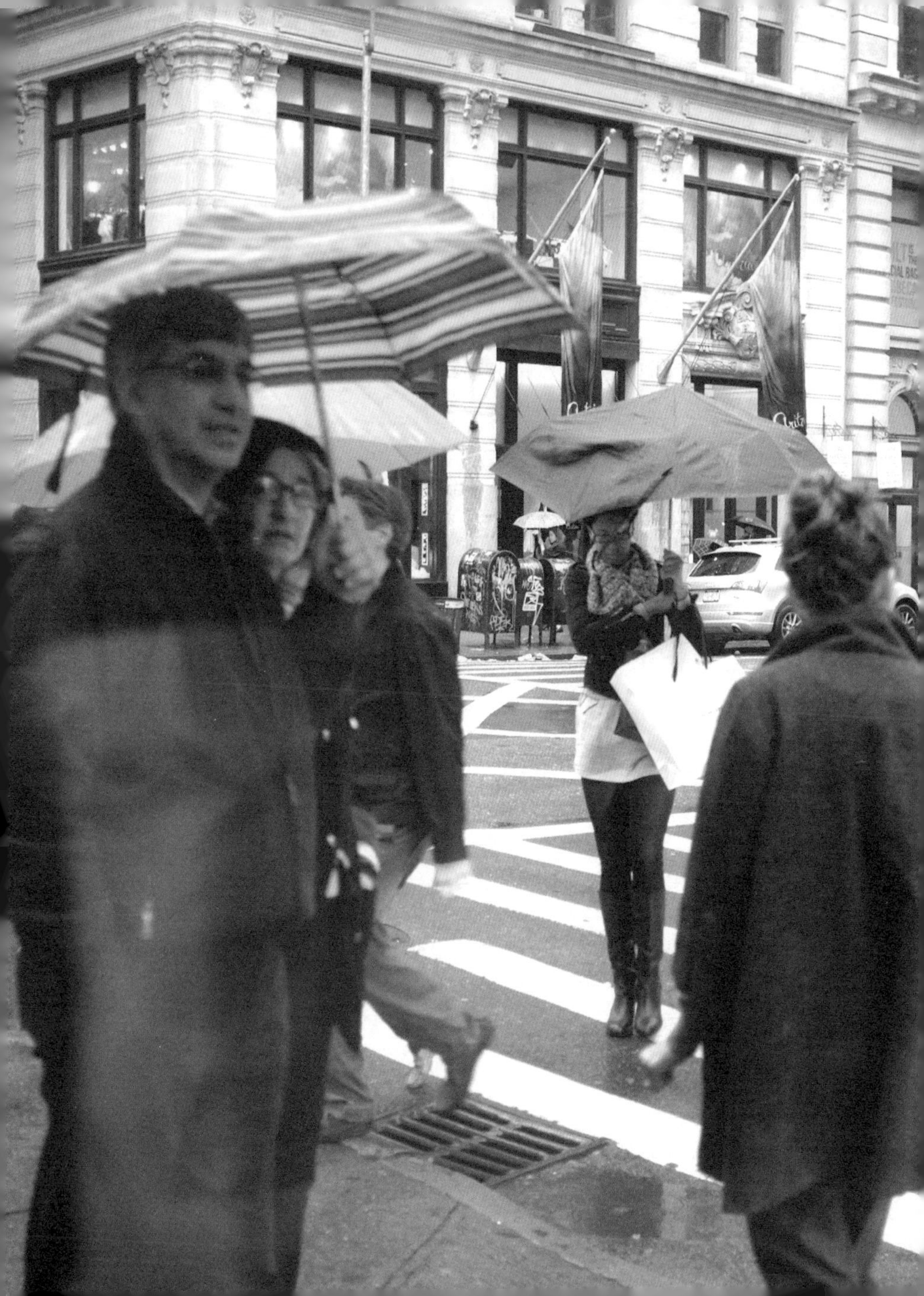

Whitehall Bar + Kitchen

焦糖洋葱与奶酪牛肉的绝妙好滋味

　　Whitehall Bar+Kitchen，娱乐网站（www.timeout.com/newyork）于 2012 年评选其为纽约 20 家美味汉堡店之一。

　　这家是英式的餐厅与酒吧，提供英式早餐与地道口味的司康，人气菜单的汉堡卖相也相当赞。澳籍主厨克里斯·伦德尔（Chris Rendell）长年居住伦敦，本身就很喜欢做创意料理，汉堡的材料以鸡蛋、焦糖洋葱、新鲜口感的奶酪搭配厚实的牛肉；半熟蛋黄缓缓流出的班尼迪克蛋（Eggs Benedict）也是令人垂涎三尺的名菜之一。

🏠 19 Greenwich Avenue, New York NY10014

🕐 周一~周三 17:30 ~ 24:30 / 周四~周六 7:30 ~ 2:00 / 周日 11:00 ~ 15:30

Ⓜ 1、2、3 线，14th St. 站 / 1 线，Christopher St.-Sheridan Sq. 站 / A、B、C、D、E、F、M 线，W4 St. 站

➤ www.whitehall-nyc.com

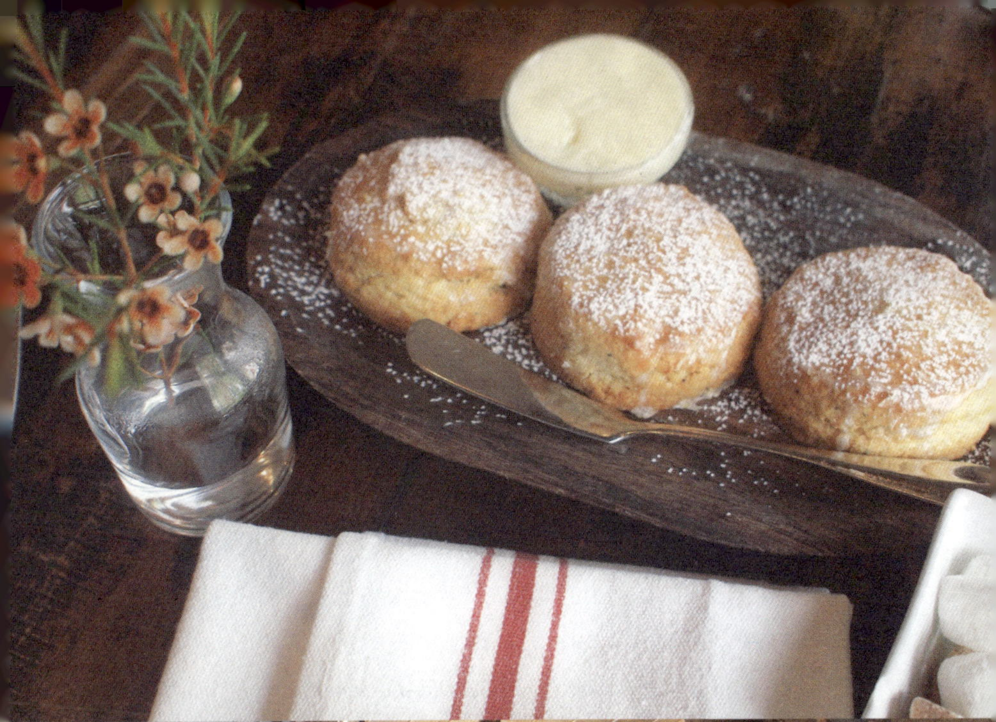

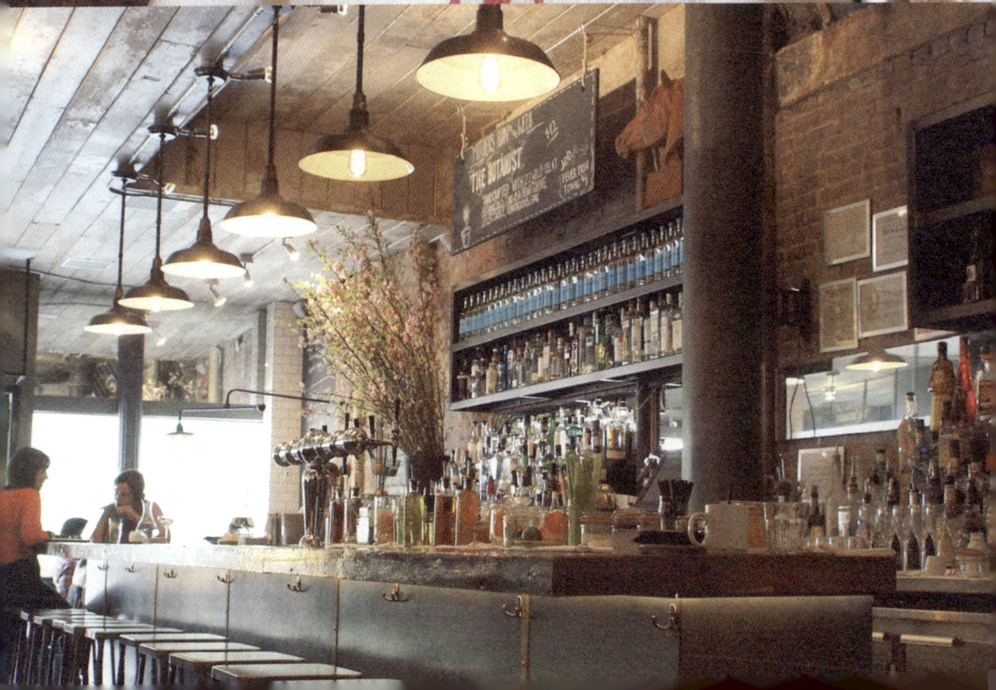

THE BOTANIST
FEVER TREE
TONIC

Magnolia Bakery

《欲望都市》的杯子蛋糕名店

也可以说是雨天带来的好运,让我跑进这家店来躲雨,不用排队就能吃到杯子蛋糕,我想在这里排队的人们,有一部分一定是观光客,自从美剧《欲都城市》在这里取景之后,这家杯子蛋糕店摇身变成人气名店,剧中的凯莉与米兰达就常坐在店前一边啃蛋糕一边聊是非。Magnolia Bakery 自 1996 年开始营业,还出版了蛋糕 DIY 的食谱 *Magnolia Bakery Cookbook: Old-Fashioned Recipes from New York's Sweetest Bakery*,本身就小有名气。我也很喜欢他们的杯子蛋糕的美味口感,以及各式经典风味的小点心。五颜六色的缤纷甜蜜感,这些不只是鲜艳的色彩,在视觉上更是一种享受。其他点心也值得一试喔!

吃完之后没多久,你一定会念念不忘的,我保证。

🏠 401 Bleecker Street, New York NY10014
🕒 周一 ~周四、周日 9:00 ~ 23:30 / 周五~周六 9:00 ~ 24:30
Ⓜ L 线、8 Ave. 站 / 1、2、3 线、14th St. 站 / 1 线、Christopher St.–Sheridan Sq 站
✈ www.magnoliabakery.com

哇呜

叽叽咕咕

　　从 Magnolia Bakery 走过来两个街区，可以看到名人的家，那就是《欲望都市》里凯莉·布雷萧的家。照剧本里凯莉的家应该是在上东城，但让她每天跑上跑下楼梯取景的地方就在佩里街（Perry St.）这里。走进这条街之后，就会马上知道是哪一间，因为有很多人叽叽咕咕、走来走去或拍照留念。之前曾经开放观光，但现在拉起铁链挡起来了，不让大家争相模仿凯莉从楼梯上面走下来。还有一个特色，房子门口有着欧式建筑风格的柱子，和附近的房子显然不同，真的就是时髦时尚凯莉·布雷萧的家。

Bookmarc

独立艺术类书籍书店

在布利克街（Bleecker St.）上，有美国时尚设计师马克·雅各布斯（Marc Jacobs）的各式各样的商店，无论是女性、男性、儿童或饰品店。Bookmarc 是他的第一家书店，在这个小小的空间，陈列着画册、小说、短篇与设计相关的书籍，以马克·雅各布斯严选的名号闻名。这里也有贩卖奥林匹亚·乐天（Olympia Le-Tan）的书本形手拿包（Book Clutch[①]），手拿包的特别外形在各大时尚传媒与名人间引起高度讨论。我一直都很欣赏她的作品，终于能够亲眼见到她的作品，忍不住暗藏眼中喜悦的感动。除了书籍之外，还有和老板同名品牌的文具喔！

🏠 400 Bleecker Street, New York NY10014

🕐 每日 12:00 ~ 20:00

Ⓜ 1 线，Christopher St.–Sheridan Sq. 站 / 1、2、3 线，14th St. 站 / L 线，8 Ave. 站

✈ www.marcjacobs.com

[①] 法国设计师 Olympia Le-Tan 设计的同名系列商品，为书本形的手拿包。

Goorin Bros. Since 1895
时尚界最爱的帽子专卖店

　　来自石头林恩兄弟（Goorin）的帽子店，传承了家族制帽事业，从经典款到人气款都有，以及时尚达人必备的巴拿马帽（Panama hat），他们用心制作每一顶帽子的细节，让你挑选适合自己的帽子，店员也会提供专业的意见，介绍适合你的脸形与气质的帽子。

- 337 Bleecker Street, New York NY10014
- 周一 ~ 周四 10:00 ~ 20:00 / 周五 10:00 ~ 21:00 / 周六 10:00 ~ 20:00 / 周日 11:00 ~ 20:00
- 1线，Christopher St.–Sheridan Sq. 站
- www.goorin.com

The Market NYC
新锐设计师的夏日市集

　　自从这群年轻新锐设计师的作品广泛受到肯定，便将市集从诺挪利塔搬迁到西村，以前是户外市集，每个星期六日由设计师亲自摆摊贩卖自己的作品；搬迁至室内之后，营业时间就变成了从周三到周日，商品琳琅满目且种类丰富，也会不定期更新陈列，轮流交替更换，诸如衣服、手表、眼镜、项链、饰品等，价格更是相当地平易近人，因为都是刚起步的设计师自己亲手设计的。

🏠 159 Bleecker Street, New York NY10012

🕐 周三、周日 12:00～20:00 / 周四、周六 12:00～21:00

Ⓜ A、B、C、D、E、F、M线, W4 St. 站 / 1线, Houston St. 站 / C、E线, Spring St. 站 / B、D、F、M线, Broadway–Lafayette St. 站 / N、R线, Prince St. 站 / 6线, Bleecker St. 站

✈ www.themarketnyc.com

Geminola

挖宝趣！神秘风格的复古服饰店

　　这家复古服饰店由老板 Lorraine Kirke 与女儿一起整理装潢、修缮与重新设计，从小地方点缀装饰，但依旧保有室内原有的古典风格，让气氛带上一点神秘的色彩。小小的空间摆满了衣服，而饰品也是巧妙地摆在角落一隅，让你带着挖宝的心情把真正属于自己的东西带回家。

- 41 Perry Street, New York NY10014
- 周一~周三 12:00 ~ 19:00 / 周四~周六 12:00 ~ 20:00 / 周日 12:00 ~ 18:00
- 1 线，Christopher St.–Sheridan Sq. 站 / 1、2、3 线，14th St. 站 / A、B、C、D、E、F、M 线，W4 St. 站
- www.geminola.com

Cafe Minerva

　　经由我一位日本插画家朋友菜穗的介绍，认识了住在纽约的另一位新朋友，菜穗的插画作品散见于日本各大女性杂志，她一知道我要到纽约旅行，就帮忙联络了她在纽约的朋友。由于菜穗是在纽约求学毕业的，自然结交了许多朋友，广香便是其中一位。广香是一位个子娇小的日本女孩，令人开心的是她也是位旅游作家，已在日本出版了一本旅游书《小纽约》(*Little New York*)。广香非常喜欢泰国，喜欢到第一次去泰国就决定在曼谷举行她的婚礼的程度，这是身为泰国人值得感到骄傲的一件事情——有外国人这么喜欢我们的国家。

　　通过 E-MAIL 联络几次后，因为我很喜欢西村的气氛，便请广香推荐地点，她最后挑了 Café Minerva 作为我们第一次见面的地点。当我们站在相约的店门口时，一点都没有失望的感觉，因为虽然人很多却不会过于吵闹，菜单上的餐点与饮料一应俱全，晚餐时段还供应葡萄酒。我和广香约下午茶，点了咖啡和小点心相谈甚欢，眼角还偷瞄了隔壁桌点的分量十足的班尼迪克蛋餐，看起来好像很好吃。若你改天来西村玩，可别忘了来 Café Minerva 歇脚休息一下。

🏠 302 West 4th Street, New York NY10014

🕐 周六、周日 7:00 ~ 12:00 / 周一 ~ 周五 10:00 ~ 20:00

Ⓜ L 线，8 Ave. 站 / 1、2、3 线，14th St. 站

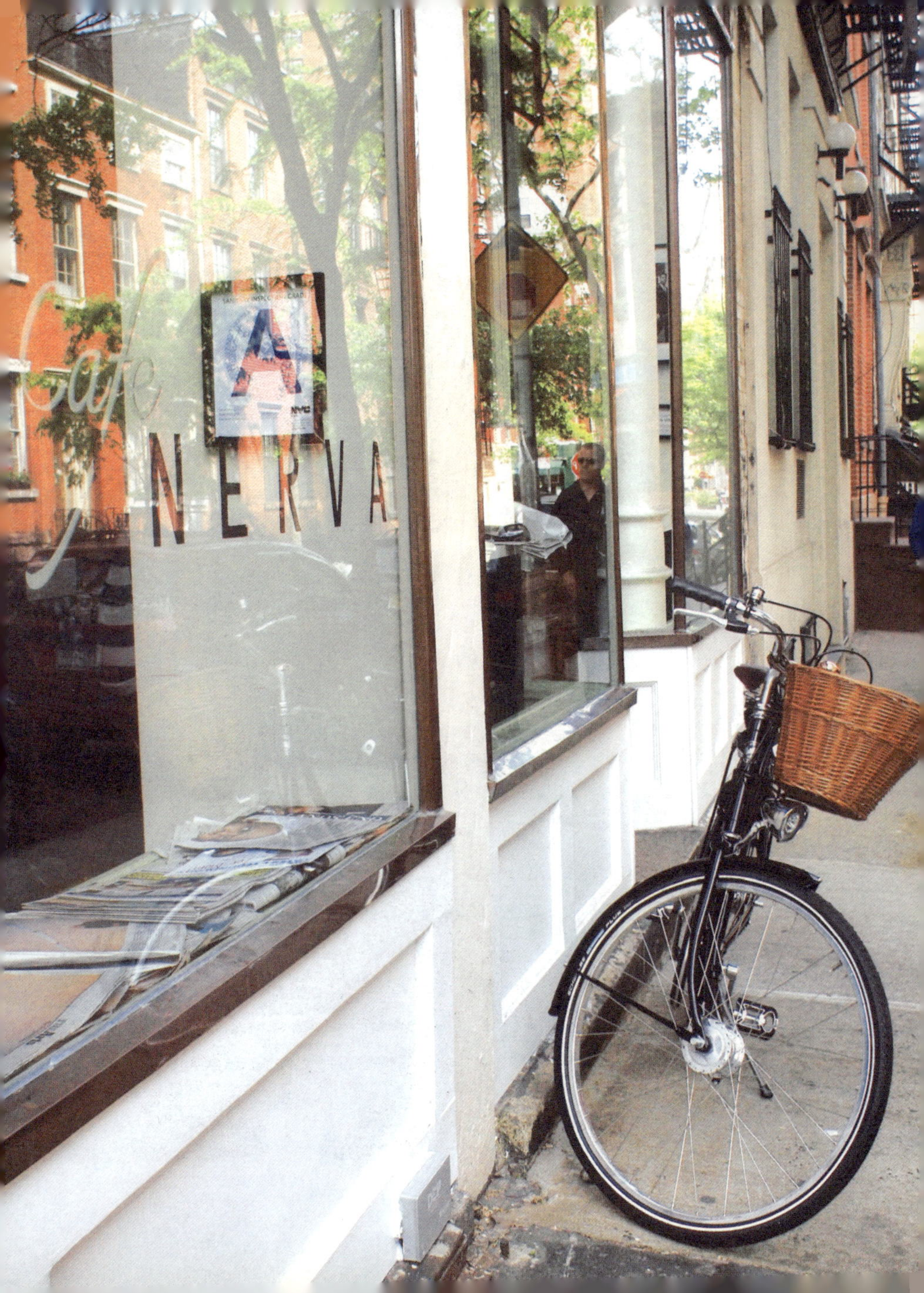
Cafe
NERVA

TREMONT

EST. 2011

083

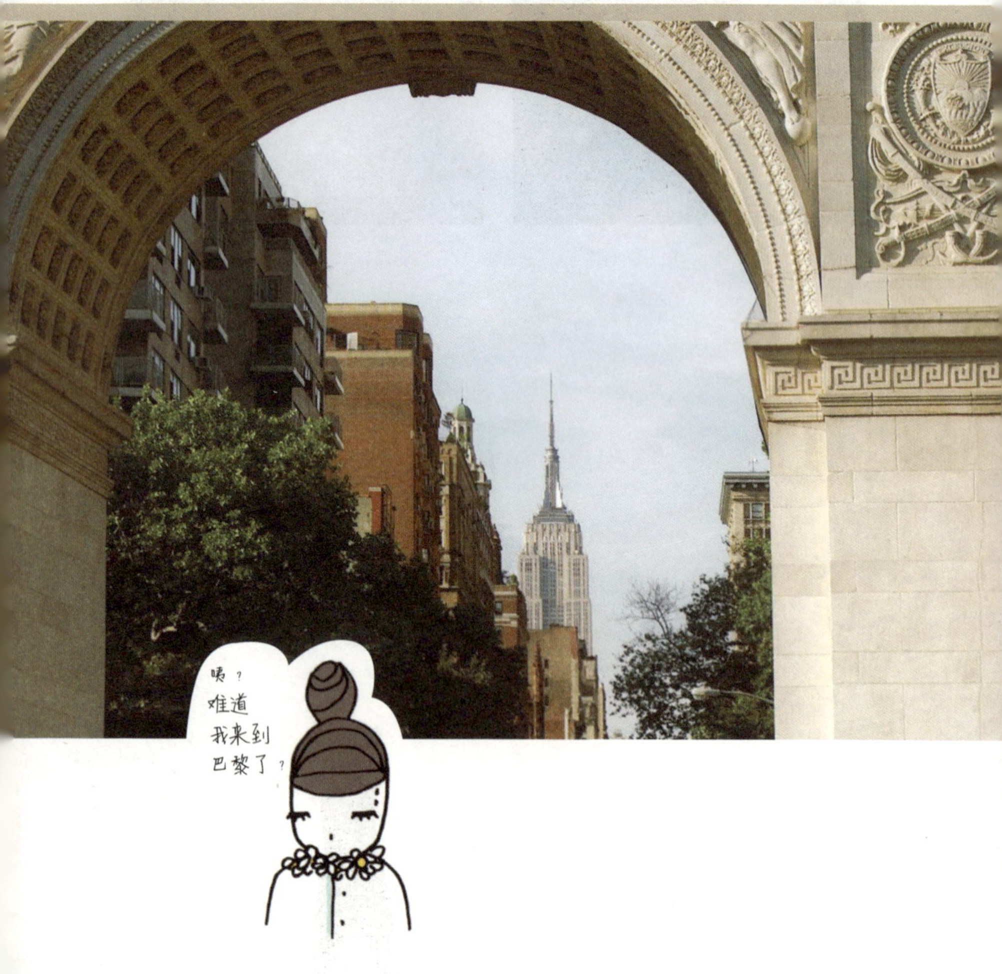
咦？
难道
我来到
巴黎了？

Washington Square Park
来去华盛顿广场公园散步

我是来到巴黎了吗？为什么会有凯旋门出现在眼前？

其实这是为了纪念美国前总统乔治·华盛顿所建造的拱门，这块地方曾经是墓园，由于公园里安装了许多监视摄影器，警察们也时不时地进行巡逻，现在已是纽约公认最安全与犯罪率最低的地方之一。坐落于纽约格林威治村（Greenwich Village）和东村（East Village）中间的华盛顿广场公园，有翠绿的大片草地与满片小花点缀其中；公园的人则是各自成群，前面的喷水池广场有街头表演艺人，也有人坐在周围下棋，是附近居民休闲的好所在。而华盛顿广场公园的旁边用地，正是美国最大的私立大学——纽约大学。

🏠 5th Avenue, Waverly Place, New York NY10003

🕐 每日 6:00 ~ 24:00

Ⓜ A、B、C、D、E、F、M 线，W4 St. 站 / N、R 线，8th St.–New York University 站

✈ www.washingtonsquarepark.org

High Line
纽约空中公园

　　从手上的标准纽约地图上看,在地图的西边可以看到像是铁道的标志,大约从甘斯沃尔特街(Gansevoort Street)到西34街(West 34th St.)之间,这一条标志就是高线公园(High Line),旧时运输高架铁道的路线,整修后摇身一变为都市的空中公园。在成为纽约西边的都市中心公园之前,经过高线公园之友(Friends of the High Line)与纽约市公园娱乐部(New York City Department of Parks & Recreation)团体的极力抗议,长时间争取反对拆除这座高架桥的原计划,最后终于免于被拆除的命运。在铁轨两旁,种植自然生态植物，打造成新式休闲公园。这里不时会举办活动，而 High Line 两旁的大楼也以色彩缤纷的外墙或顶楼装饰争相呼应，有时候还有人在顶楼上表演呢。当地人民对美化环境相当认真，善心的义工们更是不遗余力地挺身帮忙。

有两个入口可以上到 High Line，我们选择从 West 34th St. 的入口上去，一路走到接近甘斯沃尔特街，可以看见哈德逊河（Hudson River）的风景，背景是广阔的蓝天，为此行增添不少清新的感觉。

🏠 529 West 20th Street, Suite 8 West, New York NY10011

🕒 周日 7:00 ~ 23:00

Ⓜ L、A、C、E 线，14 th St.-8th Ave. 站 / C、E 线，23rd St.-8th Ave. 站 / 1、2、3，14th St.-7th Ave. 站 / 1 线，18th St.-7th Ave. 站 / 1 线，23rd St.-7th Ave. 站

✈ www.thehighline.org

这附近有两条路容易让人迷路，就是格林威治大道（Greenwich Avenue）和格林威治街（Greenwich St.）。由于这里不像纽约的其他街道区域分明，所以不能按照南北向的大道、东西向的街的原则来判断方向，当你要找店家的地址时，要特别留意路名喔，否则会多花时间找路（和我一样，呜呜）。

HOW ARE YOU FEELING?

I'M FEELING VERY UNSTABLE AND INSECURE. I ALSO FEEL VERY WORRIED AND ANXIOUS ABOUT EVERYTHING

I ALSO FEEL TRAPPED AND I FEEL THAT I AM MUCH TOO FAT AND THAT PEOPLE ARE LAUGHING AT ME. I FEEL VERY FRUSTRATED AND DEPRESSED. I FEEL THAT I AM UNABLE TO MEET THE DEMANDS THAT HAVE BEEN MADE OF ME. I AM IN A BIT OF A RUT CREATIVELY AS WELL.

089

W. 14th st.
W 14 TH ST
WEST 13 TH
GREENWICH AVE.
EIHGTH AVE
WAVERLY PL
SIXTH AVE.
FIFTH AVE.
A
B
C
01
02
03
04
05
06
WEST 8 TH
PLACE WASHINGTON
WAVERLY
M.
Christopher St
Sheridan Sq
WASHINGTON SQUARE PARK
BANK STREET
11 TH STREET
PERRY STREET
CHARLES ST.
WEST 10 TH STREET
GROVE
BEDFORD
CHRISTOPHER STREET ST.
GREENWICH
HUDSON STREET
SEVENTH AVE.
MACDOUGAL ST
SULLIVAN ST
THOMPSON ST
HOUSTON ST.
WEST

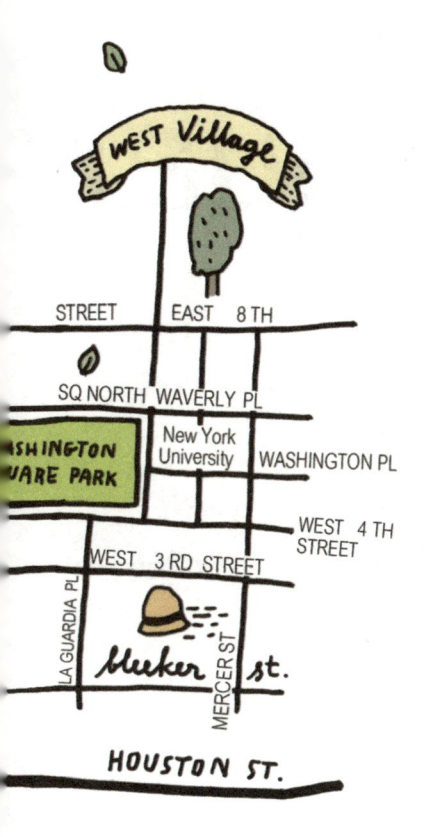

MAP

● 地标、商店、市场、百货公司、饭店、公园、娱乐地点
★ 餐厅、咖啡厅
■ 博物馆、艺廊
▣ 地铁站

- ●01– Geminola
- ●02– Book Marc
- ●03– Bonnie Slotnick Cook books
- ●04– Greenwich Letterpress
- ●05– Goorin Bros.
- ●06– The Market NYC

- ★A – Cafe Minerva
- ★B – Magnolia Bakery
- ★C – Whitehall Bar+Kitchen

Union Square
联合广场

OPENING CEREMON
AT ACE HOTEL NYC

WEDNESDAY, APRIL 25
Tonight from 8pm til late in the lobby, Billy Caldwell spins a special bl
left-field rarities, and lots of surprises in between.

THURSDAY, APRIL 26
Bryan Mette, one half of the sound deconstruction duo Whateve
chill wave and techno in the lobby at 8pm.

FRIDAY, APRIL 27
At 8pm in the lobby, The People in Charge provide musical

SATURDAY, APRIL 28
From 10pm til late, DJ Huggy Bear spins soul, funk,
hop and freestyle in the lobby.

SUNDAY, APRIL 29
On Sunday evenings, we host live shows by unkno
Chris Tucci, who plays rarities and B-sides befor
the lobby, the Curious Mystery play psychedelic

MONDAY, APRIL 30
Monday nights at 8pm in April, Mother Pope
lowrider to disco, Siamese Soul and psychedel

TUESDAY, MAY 1
Tonight at 8pm, Contakt of Turrbotax
two-step, underground house, garag

Flatiron District 熨斗区

逛新鲜农场市集，吃热腾腾美食，漫步于最美的路街

LET'S BE FRIENDS.

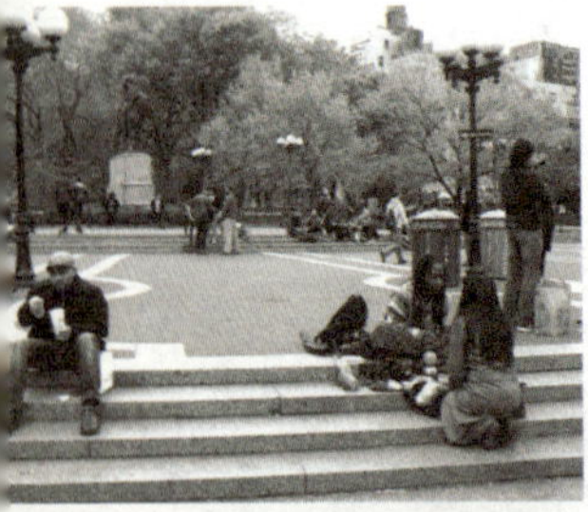

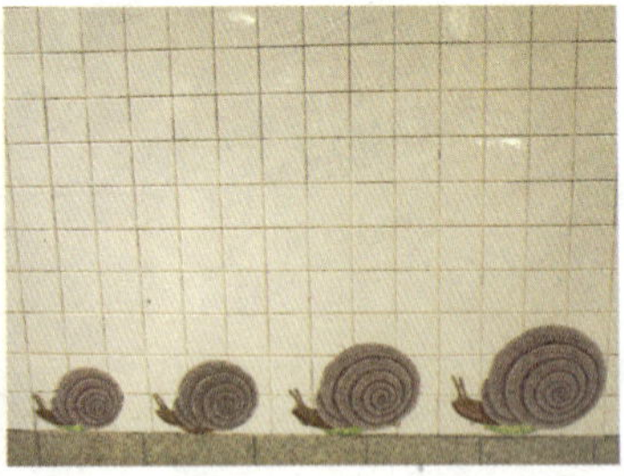

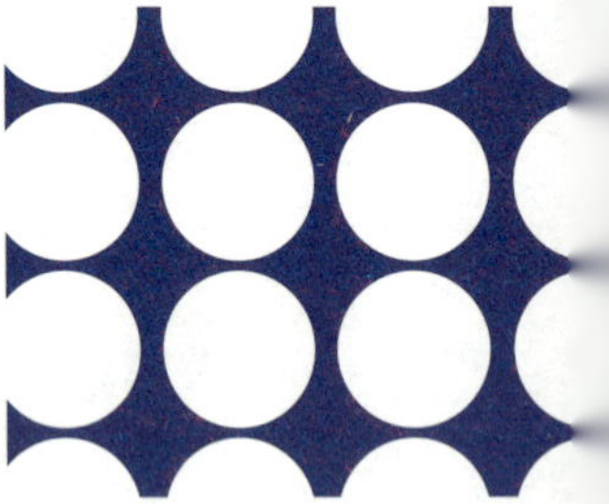

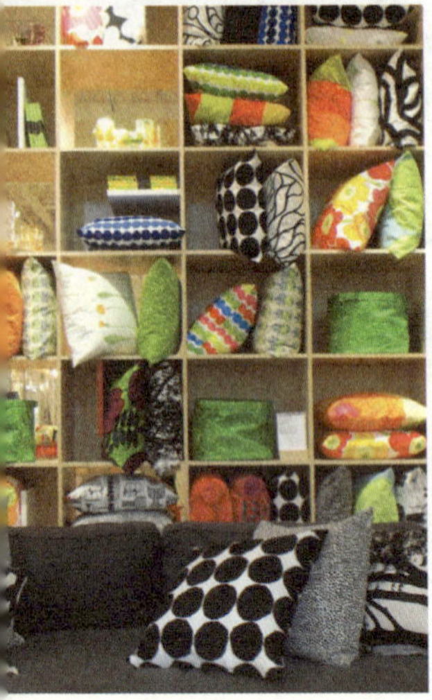

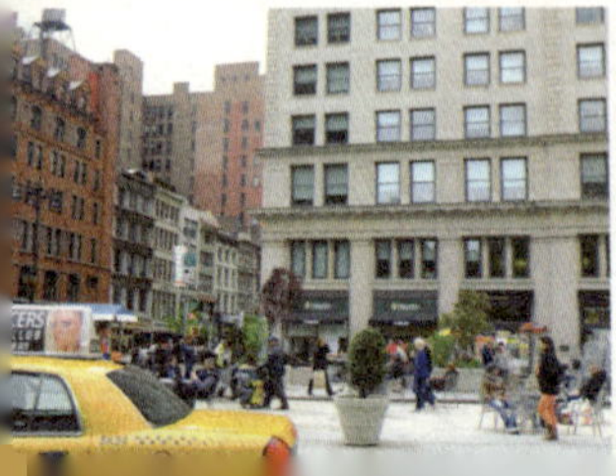

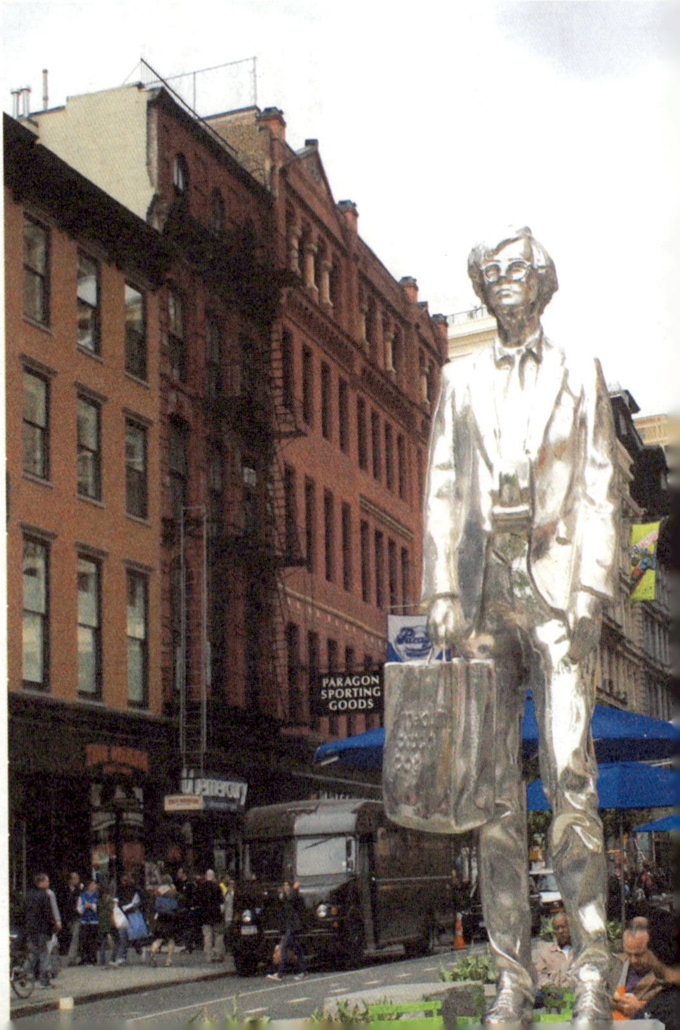
PARAGON
SPORTING
GOODS

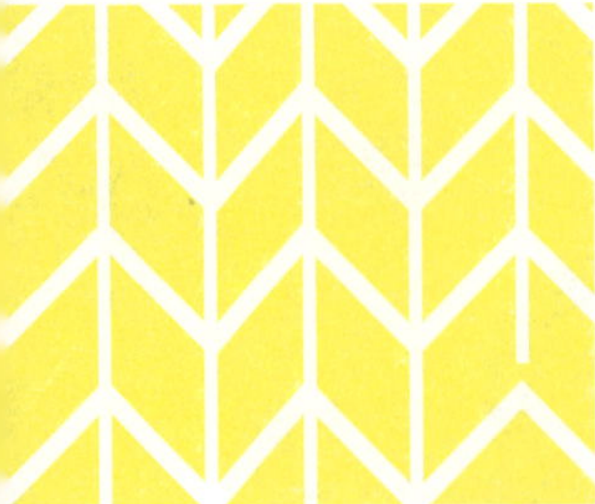

联合广场是一座位于市中心的广场，一整天人潮熙来攘往，14街（14th St.）一带挤满了购物商店。这一座广场常常会有抗议团体在此聚集或举办纪念活动，像昔日的世贸中心遭受"9·11"恐怖攻击的悲剧，市民们也在此为被害者们哀悼。从联合广场一直向北走，可以到达麦迪逊广场公园（Madison Square Park），如果把格拉梅西公园（Gramercy Park）也算进去的话，这一带算是拥有三座公园的市区，中午和傍晚有许多上班族到公园走走，还有为数不少的观光客也在这里散步。

Union Square Park
联合广场公园形形色色的人们

　　占地不大不小的公园却挤满了人潮，包括街头艺人、街友、下棋的人，或是来练舞的人等各式各样的公开活动，围绕着位于公园中央的乔治·华盛顿（美国总统）的铜像。

　　每周一、三、五、六会举办纽约最大的集中市场——绿色市场（Green Market），有来自农场直接的新鲜蔬菜水果，由农民或农场老板亲自从农地送到这里贩卖，还有点心与熟食的摊位增添了几许热闹气氛，也可以直接坐在公园享受热腾腾的美食小吃，非常惬意呢！先决条件是要找得到位置喔！

波浪舞

🏠 East 14th Street, New York

Ⓜ L、N、Q、R、4、5、6、6X 线，14th St.–Union Sq. 站

✈ www.nycgovparks.org / parks / unionsquarepark

Fishs Eddy
逗趣陶瓷手掌的家饰厨具店

　　这间厨具店深受我的喜爱,除了很喜欢他家的东西,价格也是相当的平易近人呢。Fishs Eddy 是一间贩卖饮食容器与餐具的店,装潢风格偏美式复古风,他们家的陶瓷器具质量也相当好,还有货真价实真正的古董区——里面都是仅此一件的好货,等着我们去挖宝;也有部分来自艺术家独家设计的系列产品。另外,只要一提到 Fishs Eddy,就一定会想到"陶瓷手掌",是这家店熟为人知的特色。老板摆放了好几排的陶瓷手掌,像是恐怖片里只有出现手掌来呼唤你的那种画面(哈)。这个点子来自于原本用来做橡胶手套的模型,后来把它当作一种装饰品做成陶瓷。有谁喜欢这一类的欢迎你来挑战,而我就别了,还是继续看可爱的碗盘餐具组和古董锅子好了。

099

🏠 889 Broadway, New York NY10003（19th St. 和 20th St. 之间）

🕐 周一～周四 9:00 ~ 21:00 / 周五～周六 9:00 ~ 22:00 / 周日 10:00 ~ 20:00

Ⓜ N、R、6 线，23rd St. 站 / N、Q、R 线，14th St.–Union Sq. 站

✈ www.fishseddy.com

ABC Carpet & Home
创新时尚的居家百货商店生活风格

　　从卖布料与地毯起家，生意传承一代一代，如今的 ABC Carpet & Home 是大型居家百货商店，精选来自世界各地的设计品牌，集结在这栋 10 层楼高的大楼，保证让你逛到腿软。大多着重于具有环保概念的商品，包括优质的手工艺品，像是我最喜欢的良木（Goodwood）区，收集了木质的餐具与厨具，以及曾经荣获 2006 年 Good Design 奖[1]的木质手把的瓷釉锅。商品都会提供详细的使用说明，告诉你用途、材

---

[1] 日本产业设计振兴会在 1957 年创立的奖项，希望传达产品设计的美感、优雅及独特质感，更强调其功能的友善性、实用性与安全方便等原则。

十层楼

质制作、来自哪里的木质等，所以我们可以看到来自阿根廷当地木材制作的碗盘与来自斯堪地纳维亚的小村落的烛台放在一起，或者也可以在这里找到巴黎的 Astier de Villatte[1]手工陶瓷器。

还有我最爱的家居纺织品牌 Coral & Tusk， 其实在曼哈顿与布鲁克林的好几家创意商品店也可以买得到，但在 ABC Carpet & Home 则有专属的展示区域。之所以会爱上 Coral & Tusk 是因为他们以刺绣特色闻名，绣成可爱的动物图案，设计师兼品牌老板斯蒂芬妮·豪斯利（Stephanie Housley）让动物大军随意出现在你家的各个角落。

🏠 888&881 Broadway, East 19th Street, New York NY10003

🕐 周一～周三、周五、周六 10:00～19:00 / 周五 10:00～20:00 / 周日 11:00～18:30

Ⓜ N、Q、R 线，14th St.–Union Sq. 站 / N、R、6 线，23rd St. 站

➤ www.abccarpet.com

---

[1]作品有着 18 到 19 世纪的华丽典雅，立体的蔓藤浮刻、动物雕像、石刻雕饰、蔷薇与花鸟等，带起了新古典派的残旧美学风潮。

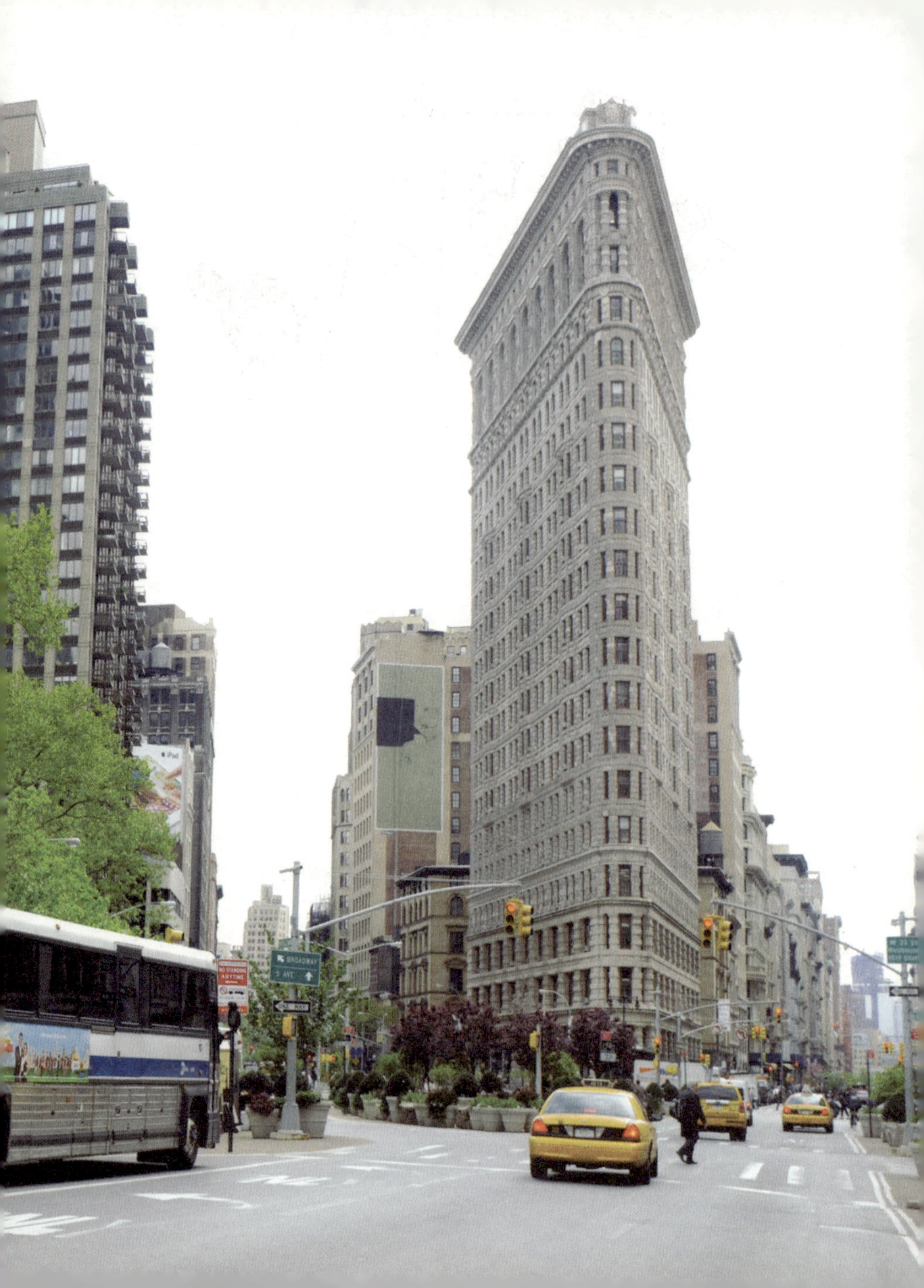
NO STANDING
ANYTIME
BROADWAY
5 AVE
ONE WAY

103

Gramercy Park
格拉梅西公园

仅限附近居民进去散步的私人公园，是一座比其他公园更安静、更有私人空间的小小公园，四周有老旧的大楼围绕着，离开这一区就是曼哈顿中心的高楼大厦。这里是全纽约仅有的两座私人公园中的其中一座。

🏠 Manhattan, New York

Ⓜ 6线, 23rd St. 站

Madison Square Park
麦迪逊广场公园

　　位于市中心占地6.2英亩、历史悠久的大公园，这里不时举办活动，让人在大树下解解忧闷，公园里也有艺术展览轮流展示，而每周三傍晚都会有音乐表演节目，这些艺术活动都受到当地机构的热烈支持。公园内还有专门给狗狗们玩耍的地方，喜欢狗狗的人可以到杰米狗狗公园（Jemmy's Dog Run）去逛逛。还有另一个景点就是舒食快餐（Shake Shack）热狗汉堡店，总是大排长龙，人多到店家要架设监视摄影器，才能实时控管排队顾客的情形。

- Madison Avenue, New York
- 周一~周三、周五、周六 10:00 ~ 19:00 / 周四 10:00 ~ 20:00 / 周日 11:00 ~ 18:30
- N、R、6 线，23rd St. / N、R、6 线，28th St. 站
- www.madisonsquarepark.org

大家都需要我

ACE HOTEL
10/10

DOWNSTAIRS
↓ LIBERTY HALL
RESTROOMS
GYMNASIUM
BOARDROOM

◂ OPENING CEREMONY
PROJECT NO. 8a ▸
◂ THE JOHN DORY OYSTER BAR

ACE Hotel

攻占纽约客！最具设计感的平价旅店

　　这是我最想要住的其中一家宾馆，尽管它相当的火红，很难订到房间。这家饭店的迷人之处就在于它的设计概念，有别于一般的旅店，ACE Hotel的每间分馆都是买下老旧的楼房来重新整修。这个点子来自三位创办人亚历克斯·卡德伍（Alex Calderwood）、韦德·威格尔（Wade Weigel）和道格·赫里克（Doug Herrick），起初他们买下位于西雅图一处修养所，将之整修装潢成为第一间ACE Hotel，因中等价位、位于市中心的绝佳位置与极具特色的创意装潢而声名大噪，吸引大量的住客。

　　而纽约的这间分馆为1904年建成的建筑物，前身是布雷斯林酒店（Hotel Breslin），摇身一变成了新潮饭店，除了每一间客房都有各自的主题之外，还有商店、咖啡厅与餐厅进驻，让饭店变成大家都想来喝一杯找乐子的地方。Opening Ceremony也在此设立分店喔，像斯顿普敦（Stumptown）咖啡厅，也选择在ACE Hotel开设曼哈顿唯一的一间分店。像我这种可爱轻旅行的玩家，有的是时间轻轻松松地享受悠闲时光，建议点一杯咖啡，坐在前面的木桌欣赏饭店服务员与纽约客的步伐，因为每一家店的服务员，包括站在门口的泊车小弟，每个人的打扮都非常抢眼，完全没有很随便。如果想购物的话，首推我超爱的No.8a精品店，从各国挑选特色产品，其设计又符合现代的日常生活，有时候也会和艺术家合作或举办小型活动。饭店的生蚝吧也很赞，非常适合在午餐或晚餐之后来场续摊派对。

大厅中央的装潢有点像图书馆，让顾客尽情地利用，就算没有在这里落脚住宿，光是在 ACE Hotel 走走看看、玩一玩，一天就这么飞快地过去啦！

- 20 W 29th Street, New York NY10001
- N、R 线，28th St. 站
- www.acehotel.com/newyork

Macy's
血拼战场的梅西百货

　　我带着惊讶的感觉走进这家人潮挤得水泄不通的百货公司，曾经坐拥全球最大的百货公司。虽然之后被南韩的新世纪百货公司（Shinsegae）夺第一大的殊荣，但想买什么依然可以在这里找得到，只不过找得比较辛苦一些，因为人实在是太多了。想找美国品牌的产品来这里就对了，Macy's可是曾经荣获 2006 年度的国民百货公司喔！

- 151 West 34th Street, New York NY10001
- 周一~周五 9:00 ~ 21:30 / 周六 10:00 ~ 21:30 / 周日 11:00 ~ 20:30
- B、D、F、M、N、Q、R 线，34th St.–Herald Sq. 站
- www.macys.com

Empire State Building
到帝国大厦寻找金刚

我们为了寻找金刚来到帝国大厦却是遍寻不着，可能跑去其他地方兼差去了（嘻嘻）。

从小就有这样的印象烙印在脑海里，这栋大楼的顶端一定有一只金刚住在这里，就是纽约大城市中这座102层楼高的建筑物，也是重要的地标之一。不仅是一般的观光地标而已，它还是美国历史上的里程碑，无论远近你都会看见帝国大厦，无论是热闹的白天或沉寂的夜晚，就连在一般楼房间的窄巷也能看见帝国大厦的踪影。它可曾经坐拥了40年的全球最高大楼的荣誉，现在帝国大厦则是排行世界高楼的第十五名。下面的楼层是各公司的办公空间，上面有观景台，若你喜欢的电影曾在这里取过景的话，那么可以来体验一下气氛。这栋装饰艺术风格的大楼，目前内部正处于重新装潢中，这次的重金砸下为的就是让帝国大厦回复到昔日的光荣面貌。

- 350 5th Avenue, New York NY10118
- 每日 8:00 ~ 2:00
- B、D、F、M、N、Q、R 线，34th St.–Herald Sq. 站 / 6 线，33rd St. 站
- www.esbnyc.com

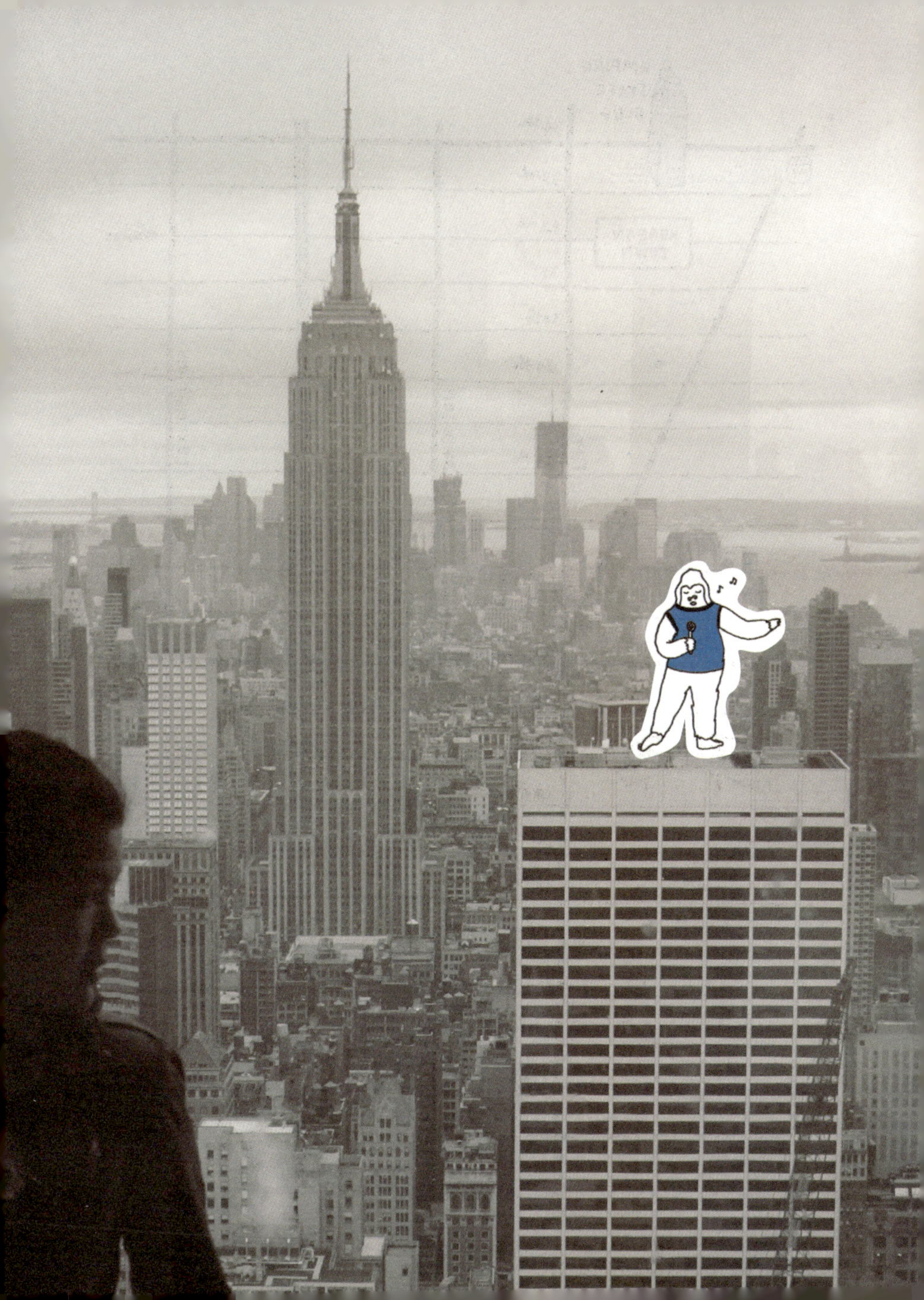

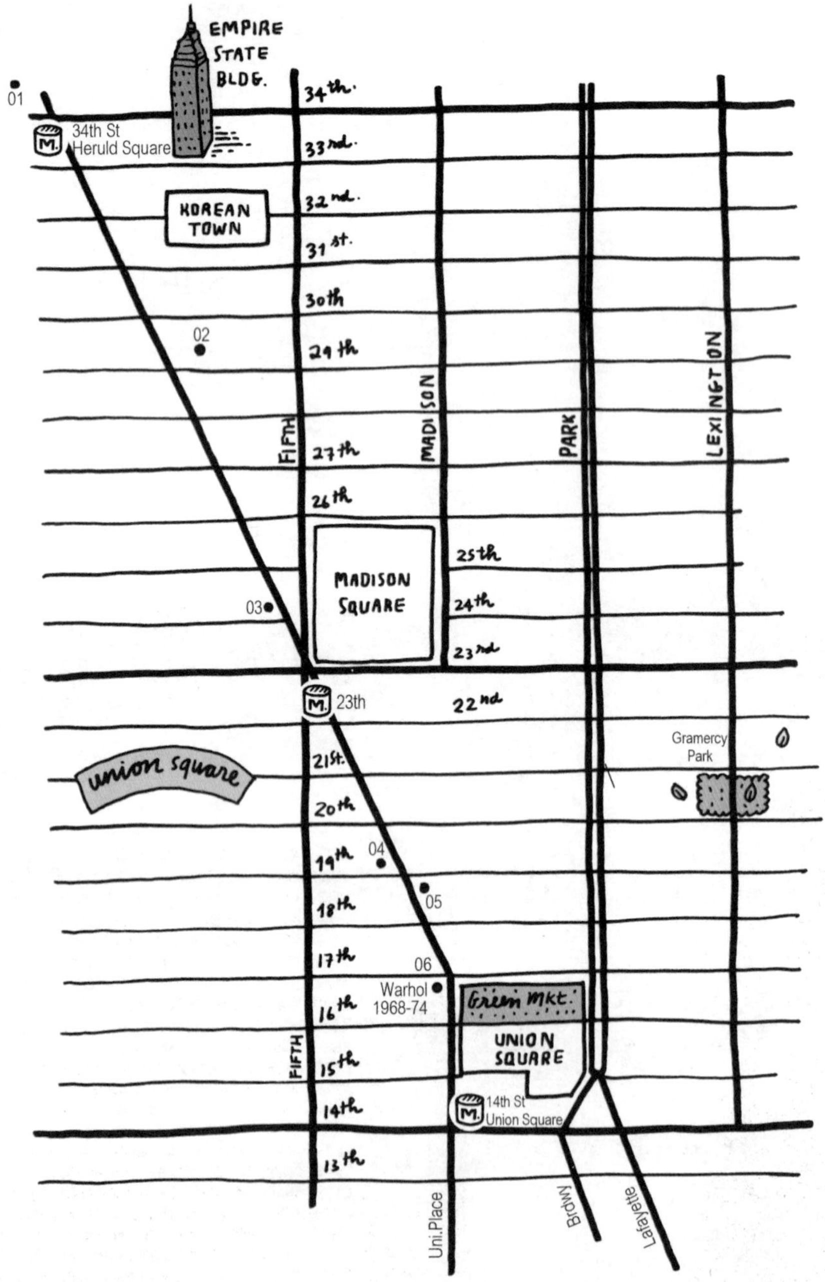
EMPIRE STATE BLDG.
01
34th St
Heruld Square
34th.
33rd.
32nd.
31st.
30th
29th
27th
26th
25th
24th
23rd
22nd
21st.
20th
19th
18th
17th
16th
15th
14th
13th
KOREAN TOWN
02
03
04
05
06
FIFTH
MADISON
PARK
LEXINGTON
MADISON SQUARE
23th
union square
Gramercy Park
Warhol 1968-74
Green Mkt.
UNION SQUARE
14th St
Union Square
Uni.Place
Brdwy
Lafayette

MAP

- 地标、商店、市场、百货公司、饭店、公园、娱乐地点
★ 餐厅、咖啡厅
■ 博物馆、艺廊
🚇 地铁站

- 01- Macy's
- 02- ACE Hotel
- 03- Marimekko
- 04- Greenwich Letterpress
- 05- Fishs Eddy
- 06- ABC furniture Conran shop

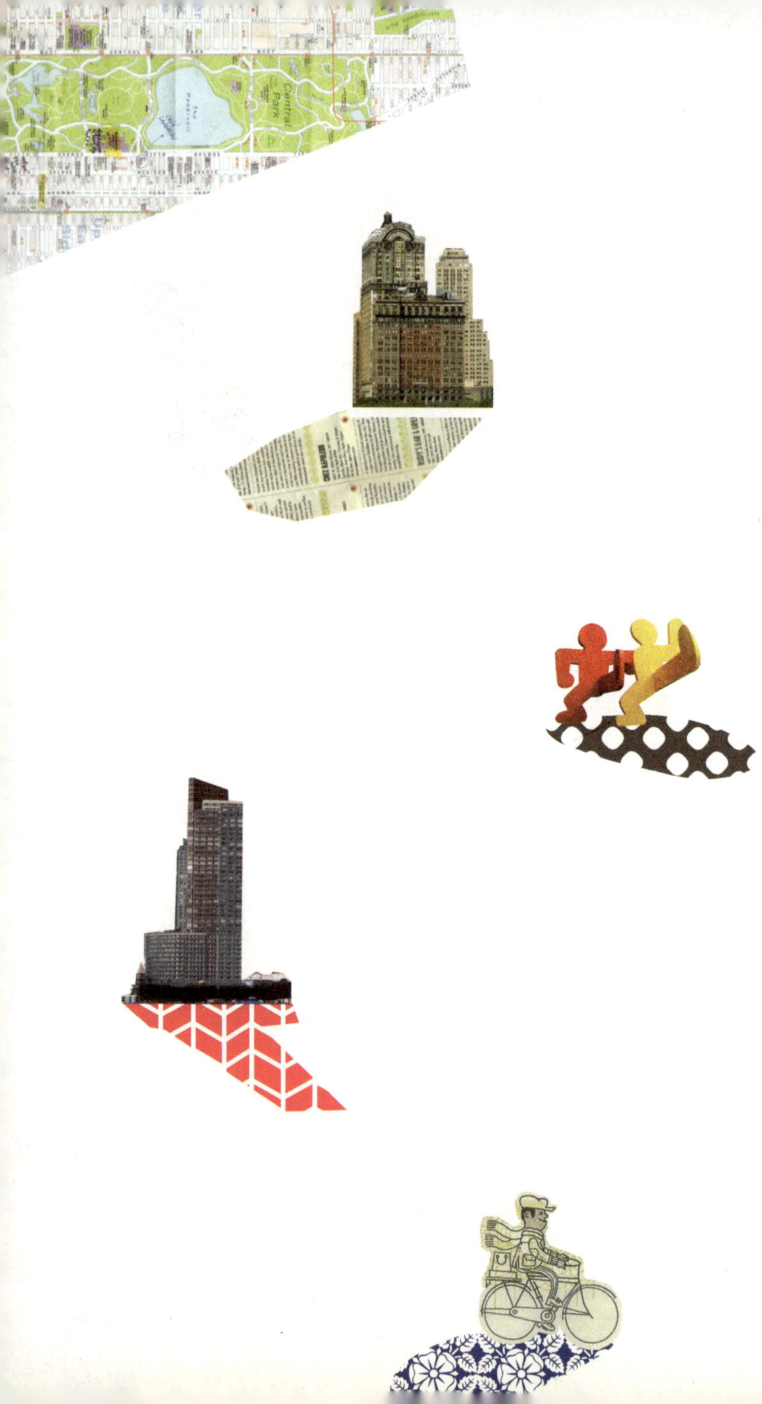
Central Park

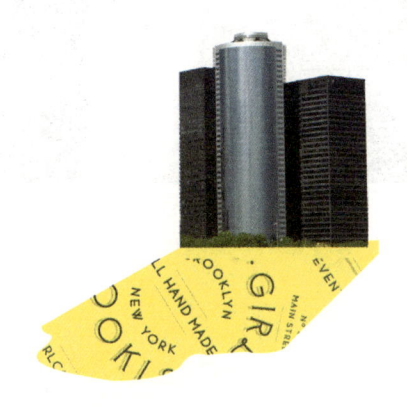

Midtown
中城

曼哈顿岛的中心！必朝圣的观光景点、购物街、歌剧院

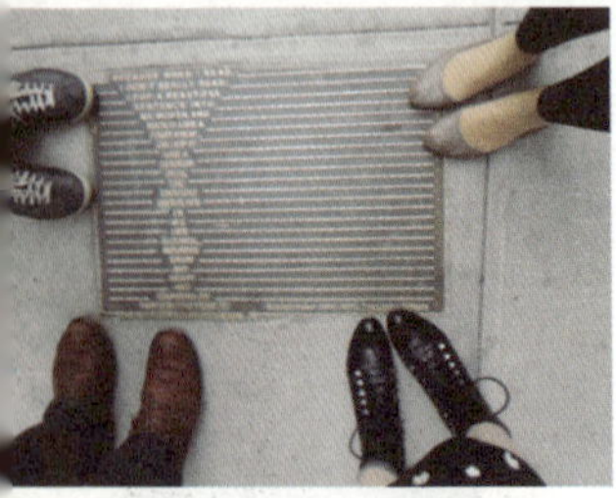
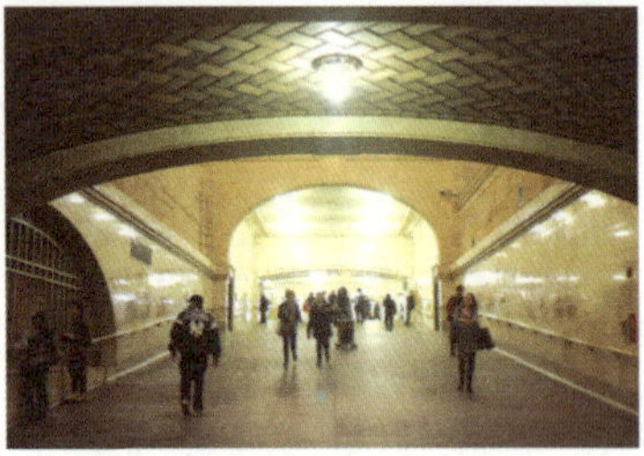
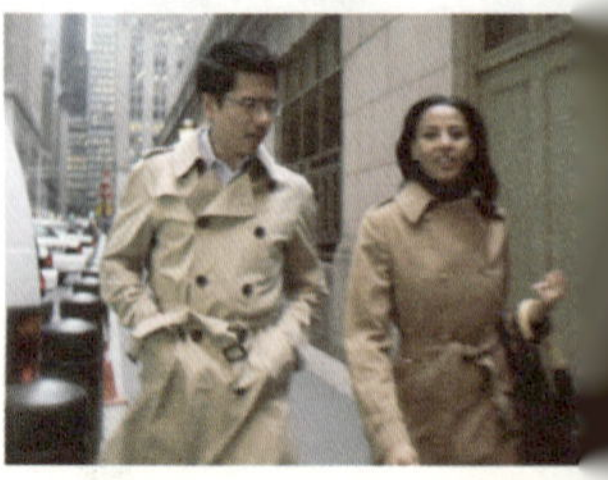
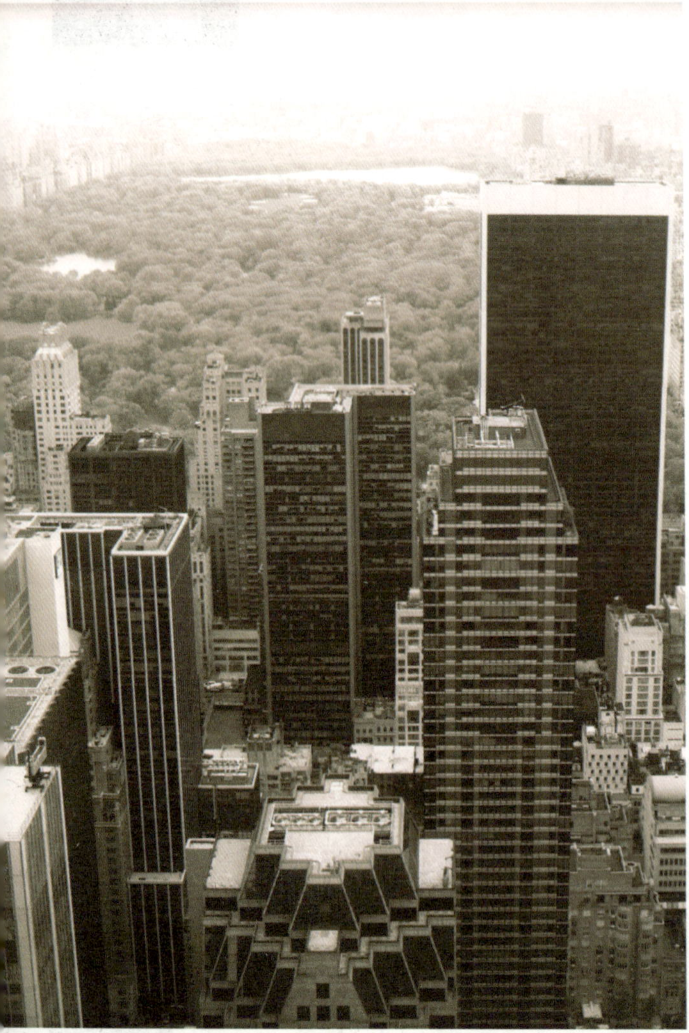
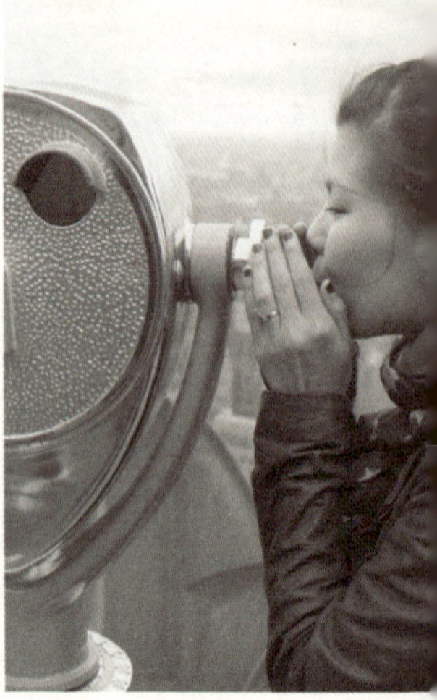

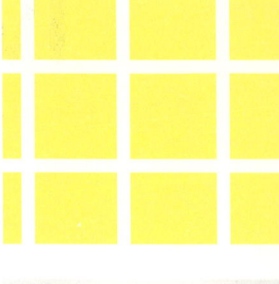

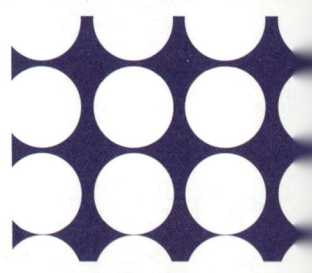

曼哈顿中城到处都是重要的地标与纽约市的经典画面，无论往什么方向看都是要抬头大步走的，许多高楼大厦在这一带争奇斗艳，包括了帝国大厦、克莱斯勒大厦（Chrysler）、洛克菲勒（Rockefeller）等，尤其是元旦跨年假期间，大家都跑来这里倒数，使气氛更加热闹无比。

在中城里聚集了许多大大小小的区域，多元化的元素使得这一带略显得混乱，无论是成衣圈（Garment District）、韩国城（Koreatown），或是到处都是剧场的剧院区（Theater District）与卡内基音乐厅（Carnegie Hall）等等，每一栋大楼的建筑设计都各自有着吸引人的来由与设计概念，是一种纽约今日的繁杂景象，与昔日画面的对比。

Grand Central Terminal
美得像博物馆的中央车站

这个车站美得让人仿佛置身于博物馆，挑高的大厅是一座布杂学院式（Beaux Arts）建筑，这类风格的建筑对19世纪80年代的美国具有相当的影响力。中央车站以前被称为Grand Central Station，于1913年完工，车站的天花板非常富丽堂皇，请来法国艺术家画上星群、星座与神等图像。如果想欣赏天花板的原始色彩，欢迎到迈克尔·乔丹的牛排屋（Michael Jordon's The Steak House），它附近存有部分的瓷砖供参观。车站内部，到处都是古色古香的商店与餐厅，给人一股满满的怀旧风格，像是老字号餐厅牡蛎吧餐厅（Oyster Bar & Restaurant），提供牡蛎与海鲜餐点，从车站开幕的第一年就进驻了，你可以向大婶大叔级的服务员点各式各样的牡蛎餐点，然后一长排地坐在吧台位置上；椅子都还是旧式的吧台椅，或者是20世纪60年代的椅子。这间餐厅位于楼下，一进去就会看到拱形的瓷砖天花板、木质墙壁与经典的红砖地板，马上就被复古怀旧的感觉占领全身。

🏠 87 East 42nd Street, New York NY10017
🕐 周日早上 5:30 ~ 2:00
Ⓜ 4、5、6、S线，Grand Central–42nd St. 站
➤ www.grandcentralterminal.com

啊！青蛙座

Rockefeller center
洛克菲勒中心

纽约有好几座摩天高楼，其中几栋有开放观景台，可以俯瞰纽约市景，洛克菲勒中心就是一座具有观景台、适合360度俯瞰整个纽约市的大楼，让你从高角度享受中央公园与帝国大厦的视野。在成为洛克菲勒中心之前，地主原本打算将这块地盖成歌剧院，不幸在1929年发生了经济大恐慌使股票惨跌，促使小约翰·戴维森·洛克菲勒[1]先生改变计划，决定盖成当年历史上最高的商业大楼，设计成装饰风艺术式的14栋摩天大楼，但现在已经有19栋了，集结了商店、餐厅、办公室与公园；大楼前面的广场为低陷的地区，置有普罗米修斯（Prometheus）神像，这部分的广场到了冬天会变成溜冰场，而位于70楼的户外观景台（Top of the Rock Observation Deck）的门票全票一张为25美元。

🏠 30 Rockefeller Plaza, New York NY10020
🕐 周日 8:00 ~ 24:30
Ⓜ B、D、F、M线，47th–50th St.–Rockefeller Center 站 / N、Q、R线，49th St. 站
✈ www.rockefellercenter.com

---

[1] 世界首富约翰·戴维森·洛克菲勒之子。

chrysler Building
克莱斯勒大厦

  又是经常出现在多部电影的一栋漂亮建筑，但这栋大厦没有开放观景台，为克莱斯勒汽车公司所有，由美籍建筑师威廉·凡·艾伦（William Van Alen）所设计。这里有个有趣的故事，当时在建盖克莱斯勒大厦时，同时与川普大楼（Bank of Manhattan Trust Building）竞争世界最高建筑的荣誉，起初是川普大楼夺得头衔，结果克莱斯勒大厦在完工前加上尖顶，就这样抢走了头衔，是当时1929年以高度319米成为世界第一高的建筑，比法国埃菲尔铁塔的高度还要高。

🏠 405 Lexington Avenue, New York NY10174

🕒 周一~周五 24 小时开放 / 周六、周日公休

Ⓜ 4、5、6、7 线，Grand Central–42nd St. 站

（引用资料来源：www.chanarnka.blogspot.com）

你好高喔

New York Public Library
纽约公共图书馆

　　我认为这是最美丽也是最典雅的公共图书馆,整栋建筑使用大理石建造,看起来很雄伟,大理石的颜色使其散发温雅的气息。内部装潢不仅美丽,从天花板垂下的吊灯光线亮度也恰到好处,到了下午,拱形窗户洒进了自然阳光,更增添了几分清新与悠闲气氛。若你是美剧《欲望都市》的粉丝,一定会记得纽约公共图书馆的场景,因为这是女主角凯莉第一次婚礼场地的景点(只可惜男主角 Mr.Big 大人物先生未能及时赶到),从凯莉走下来的画面,就可以将图书馆的美丽景象一览无遗。这里还有专为观光客的导览服务喔!

- 455 5th Avenue, New York NY10169(40th St.)
- 周一~周四 8:00 ~ 23:30 / 周五 8:00 ~ 20:00 / 周六、周日 10:00 ~ 18:00
- 7 线,5th Ave 站 / 42 线, Grand Central-42nd St. 站
- www.nypl.org

从图书馆过马路到对面的东 41 街（East 41st St.），沿路上注意一下隐藏在脚下的讯息，会看见摘选自世界著名文学作品的名言。

在纽约公共图书馆后方，有一个小巧的布莱恩公园（Bryant Park），是一座干净明朗的小花园，小花点缀绿叶，东一簇、西一丛，气氛相当不错。如果在图书馆里待腻了，就带书来公园里看，不想显得太寂寞的话，可以找靠近游乐区的位置坐，听听小朋友嬉闹的笑声，周围还有咖啡厅与餐厅喔！

Barneys

奢华前卫、纽约最热门的精品百货

在败家女的圈子里有相当的名气、位于曼哈顿的这间名牌精品百货公司，是一处让你逛名牌店逛到腿软的乐园，相信喜爱名牌的人来到这里一定会很开心。尤其是曾经有在欧洲血拼过的经验，老遇到这一款没货，那一款没有你要的颜色，来到这里铁定满载而归，几乎让人误以为是业者将各款各色都运到美国，集中在这里提供血拼消费一样。

Barneys于1923年开始营业，一开始主打库存品、样品货或各个品牌的清仓商品便宜卖的营销策略（类似21世纪百货，见179页）。特色是如果买回去不满意就可换货，这样优良的售后服务提供给消费者方便购物的渠道，而且还是第一家利用多渠道营销宣传的百货公司。

> **叽叽咕咕**
>
> 针对喜爱名牌的年轻族群，其旗下的高级零售店Barneys CO-OP专攻年轻族群的名牌百货，以及举办促销优惠，共有4个分馆，位在苏活区的分馆也很好逛喔！

啊！
是我的颜色

然而就在 50 年后，老板巴尼・普莱斯曼（Barney Pressman）重新评估便宜卖的商业模式，于是大规模地帮百货公司脱胎换骨，把各个名牌精品都集中在这里。想要高级名牌欢迎来一趟 Barneys，而且退换货的服务依旧保持不变。

660 Madison Avenue, New York NY10065

周一~周五 11:30 ~ 21:30 / 周六 11:00 ~ 20:00 / 周日 11:00 ~ 18:00

N、Q、R 线，5th Ave.-59th St. 站 / 4、5、6 线，59th St. 站 / F 线，Lexington Ave.-63rd St. 站 / N、Q、R 线，Lexington Ave.-59th St. 站

www.barneys.com

Bergdorf Goodman / Bloomingdale's / F·A·O Schwarz

趴八趴八GO！纽约各大百货公司

　　中城一带是百货公司业的地盘，除了 Barneys，还有 Bergdorf Goodman 同样是豪华高档的精品百货公司，自 1899 年就在第五大道上营业至今，比 Barneys 早出现好几个年代。这间百货公司真的有够古老，从内部的华丽装潢依旧保留着旧时代的氛围、摆饰即可窥见，先分成大区域，再细分成品牌专区，好几位服务员是上了年纪的阿姨，人也都很亲切。这里分成两栋，分女装、男饰。

　　另一家 Bloomingdale's 也不输给上述的两家，由两兄弟约瑟夫（Joseph）与李曼·G. 布卢明代尔（Lyman G. Bloomingdale）从贩卖蓬蓬裙开始起家，后来在东城成立挂牌的店面，提供更多样化的服装样式，甚至引进欧洲的服饰，最后变成了百货公司，至今在全美拥有 40 多间分馆与 4 间畅货中心。

　　而 F.A.O Schwarz 是一间 3 层楼的百货公司，聚集了来自世界各地的特色玩具。从小小的玩偶到巨型玩偶应有尽有，在这里它不只有卖给小朋友玩的玩具,甚至还卖给童心未泯的大朋友。我特别喜欢自制木偶区,能自由地选择自己喜欢的材料及样式,然后组合成独一无二、属于自己的木偶。如果你喜欢绿野仙踪的青蛙柯密特(Kermit the Frog),铁定会流连忘返。

Bergdorf Goodman

🏠 754 5th Avenue, 58th Street, New York NY10019

🕐 周一~周五 10:00 ~ 20:00 / 周六 10:00 ~ 19:00 / 周日 11:00 ~ 18:00

Ⓜ N、W、R 线,5th Ave. 站、59th St. 站 / F 线、57th St. 站

➤ www.bergdorfgoodman.com

Bloomingdale's

🏠 1000 3rd Avenue, New York NY10022

🕐 周一~周五 10:00 ~ 20:30 / 周六 10:00 ~ 22:00 / 周日 10:00 ~ 21:00

Ⓜ 4、5、6 线,59th St. 站 / N、Q、R 线,Lexington Ave.–59th St. 站 / F 线,Lexington Ave.–63rd St. 站

➤ www.bloomingdales.com

F.A.O Schwarz

🏠 767 5th Avenue, 58th Street, New York NY10153

🕐 周一~周四 10:00 ~ 19:00 / 周五~周日 10:00 ~ 20:00

Ⓜ N、Q、R 线,5th Ave.–59th St. 站

➤ www.fao.com

128

129

Museum of Modern Art（MoMA）

现代艺术博物馆

　　绝对不容错过的博物馆之一。这里展示了丰富的艺术作品，特别以现代艺术家的作品为主，喜欢平面设计、印刷艺术或产品设计的人，来这里观赏到这些作品写下辉煌现代艺术历史的一页，一定会看得满心愉悦。就连现代艺术大师梵高的作品也收藏在此。在这栋地上六层加地下两层的建筑中，不久前整修扩展计划才刚刚完成，为了容纳越来越多的观光客与纽约客的来访，请来了日本建筑师谷口吉生[1]与美国 KPF 建筑师事务所（Kohn Pedersen Fox）合作设计。一整天人潮络绎不绝，想免费入场的话，建议星期五来参观，不过想抢免费的排队人潮也是有够可观的。博物馆内的纪念商品店也贩卖书籍与设计商品，回家前不妨先进去逛一圈再走！

- 11 West 53 Street. New York NY10019
- 周日~周四、周六 10:30 ~ 17:30 / 周五 10:30 ~ 20:30
- E、M 线，5th Ave.–53rd St. 站 / B、D、E 线，7th Ave. 站 / F 线，57 St. 站
- www.moma.org

---

[1]知名日本建筑师。其作品常用大片玻璃或是薄形的结构带，营造出强烈的正方形切割风格，造型简洁有力。

NO NO NO
no no no
NO
NO
NO
on
NO on
no
on
no
NO
on
NO
NO
no
NO
no
no NO

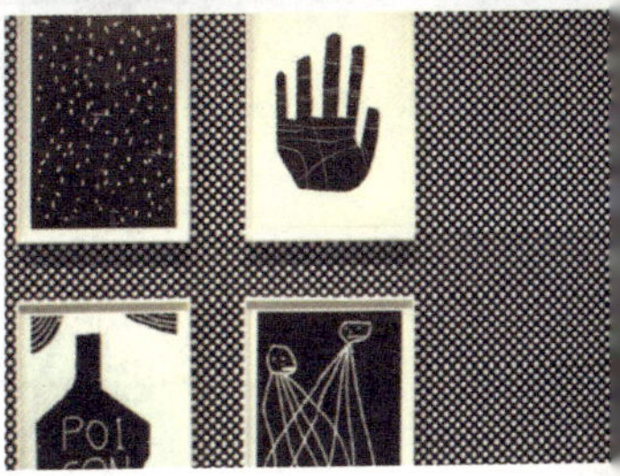
POI

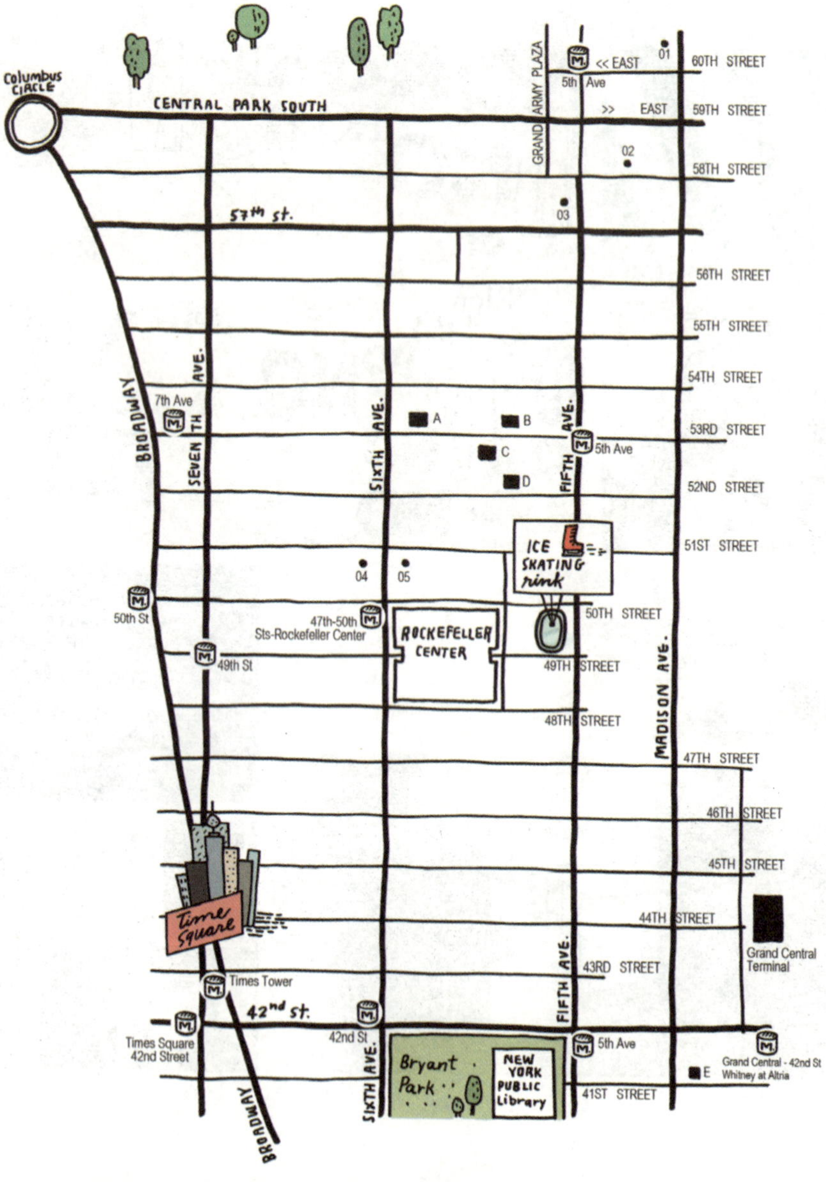
Columbus Circle
CENTRAL PARK SOUTH
57th st.
GRAND ARMY PLAZA
<< EAST
5th Ave
>> EAST
01
02
03
60TH STREET
59TH STREET
58TH STREET
56TH STREET
55TH STREET
54TH STREET
53RD STREET
52ND STREET
51ST STREET
50TH STREET
49TH STREET
48TH STREET
47TH STREET
46TH STREET
45TH STREET
44TH STREET
43RD STREET
41ST STREET
BROADWAY
SEVEN TH AVE.
7th Ave
SIXTH AVE.
FIFTH AVE.
MADISON AVE.
A
B
C
D
E
5th Ave
ICE SKATING rink
04
05
50th St
47th-50th Sts-Rockefeller Center
ROCKEFELLER CENTER
49th St
Time Square
Times Tower
42nd st.
Times Square 42nd Street
42nd St
Bryant Park
NEW YORK PUBLIC Library
Grand Central Terminal
Grand Central - 42nd St
Whitney at Altria

MAP

- 地标、商店、市场、百货公司、饭店、公园、娱乐地点、
- ★ 餐厅、咖啡厅
- 博物馆、艺廊
- 地铁站

- 01– Barneys
- 02– Schwarz
- 03– Bergdorf Goodman
- 04– Time & life Building
- 05– Radio City Music Hall

- A– American Folk Art Museum
- B– Museum of Modern Art
- C– Museum of Arts & Design
- D– Museum of TV & Radio
- E– Library

Eleni's NEW YORK

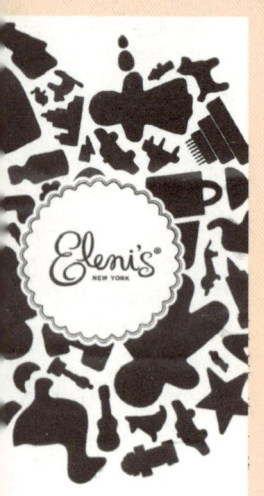

TUESDAY, MAY 1

MONDAY, APRIL 30
Monday nights at 8pm in April, Mother Paper lowrider to disco, Siamese Soul and psychedelic...

SUNDAY, APRIL 29
On Sunday evenings, we host live shows by Chris Tucci, who plays rarities and B-sides in the lobby, the Curious Mystery play psych...rnd musicians we think are awesome etween and after sets. Tonight start...

SATURDAY, APRIL 28
From 10pm til late, DJ Hugger Bear spins a hop and freestyle in the lobby.

FRIDAY, APRIL 27
At 8pm in the lobby, The People in Charge...

THURSDAY, APRIL 26
Bryan Mette, one half of the sound deco... chill wave and techno in the lobby at 8pm...

WEDNESDAY, APRIL 25
Tonight from 8pm til late in the lobby, Billy left-field rarities, and lots of surprises in be...

EAT & DRINK

Head below deck—reserve the Chef's Table in the kitchen of the John Dory Oyster Bar, where we serve family-style feasts for parties of eight to twelve at 7pm nightly.

Email chef.table@thejohndory.com to make reservations.

20 W 29TH STREET – NEW YORK CITY, NY – 10001 // 212.679.2222 // BLOG.ACEHOTEL.COM

PAPER GOODS
CUSTOM LETTERPRESS

№ 39 Christopher St. NY, NY 10014
T 212·989·7464 F 212·989·7589
GREENWICHLETTERPRESS.COM

Amy Swanson, head designer: amy@greenwichletterpress.com
Beth Salvini, buyer/designer: beth@greenwichletterpress.com
Pete Swanson, wholesale & info: info@greenwichletterpress.com

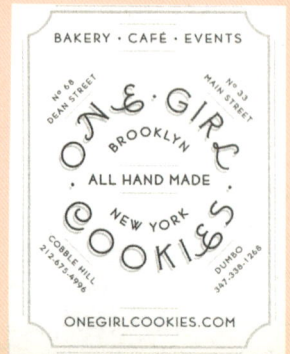

BAKERY · CAFÉ · EVENTS

ONE GIRL COOKIES
BROOKLYN
ALL HAND MADE
NEW YORK

№ 68 DEAN STREET
№ 33 MAIN STREET
COBBLE HILL 212·675·4996
DUMBO 347·338·1268

ONEGIRLCOOKIES.COM

IN GOD WE TRUST

SOHO
265 LAFAYETTE St.
New York, NY 10012
212.966.9010

WILLIAMSBURG
129 BEDFORD Ave.
Brooklyn, NY 11211
718.384.0700

GREENPOINT
70 GREENPOINT Ave.
Brooklyn, NY 11222
718.389.3545

ingodwetrustnyc.com

SHAKE IT UP

---

13 HENRY
orner of Henry & S...
BROOKLYN,
Telephone: 71
mail: brooklynf
LYNFARM
FACEBOOK PA...

ATMOSPHERE
333 Smith Street
BROOKLYN, NEW YORK 11231

Upper Side
上城

以中央公园为分界，上西城 V.S 上东城，新时代与旧传统

136

上城太太

上城狗狗

　　来到上城，这里分成上西城与上东城，两边的风格截然不同，上西城为多元种族，而且大多是年轻一辈的人；上东城是守旧的上流社会，在上城的艺廊或艺术馆，常常看到喝咖啡、用午餐的爷爷奶奶。这一区的气氛比较宁静，因为大多是住宅区与大型的博物馆所在地，可以在各有特色的博物馆之间穿梭来去，来趟省荷包的知性之旅。而这两边则以中央公园作为分界，绵延至110街（110th St.）。

central Park

享受悠闲时光的中央公园

　　我喜欢中央公园，它给人一种城市绿洲的感觉，视线穿过头上的树叶缝隙间，隐约还能瞧见左右两边摩登大楼的神秘光影，在这样强烈的对比下，却意外让人感到神清气爽。中央公园是美国的第一座景观公园，于1963年开放至今，拥有品种丰富的树木，而且都是自然生长的喔！小部分的花丛则是特别引进外来品种来种植的，像是莎士比亚花园（Shakespeare Garden）就种了会吸引蝴蝶的花种，所以这里到了夏天，就能看见蝴蝶在花丛里翩翩起舞。

　　中央公园还设有动物园区，以及让人会心一笑、巧妙构思的艺术装置，让你在公园里散步的时候，同时也能欣赏艺术的结晶，或是可爱的松鼠不经意地跑过眼前；有些不怕人的松鼠还会在你面前表演吃胡桃秀。在这个公园里，就像是在玩桌游游戏，地图上看到的每一个点都有名字，想到哪个点都可以依照地图走过去，爱丽丝梦游仙境（Alice in Wonderland）、莎士比亚花园或草莓田（Strawberry Field）等等，像草莓田就是为了纪念约翰·列侬所设立的，当时他是在中央公园东边附近的达科塔公寓住所（Dakota Apartment）前中枪身亡的，至今每天仍有民众在这里献花。除此之外，公园里还有许多有趣的娱乐活动。如果你想绕着公园参观，但是又怕走不动的话，这里也有提供观光马车的服务喔！

🏠 West Side at 110th Street

🕐 每日 8:00 ~ 19:00

Ⓜ A、C 线，Cathedral Parkway 站（110th St.）/ 2、3 线，Central Park North 站（110th St.）站 / B、C 线，103rd St. 站

✈ www.centralparknyc.org

安静的
悠闲时光

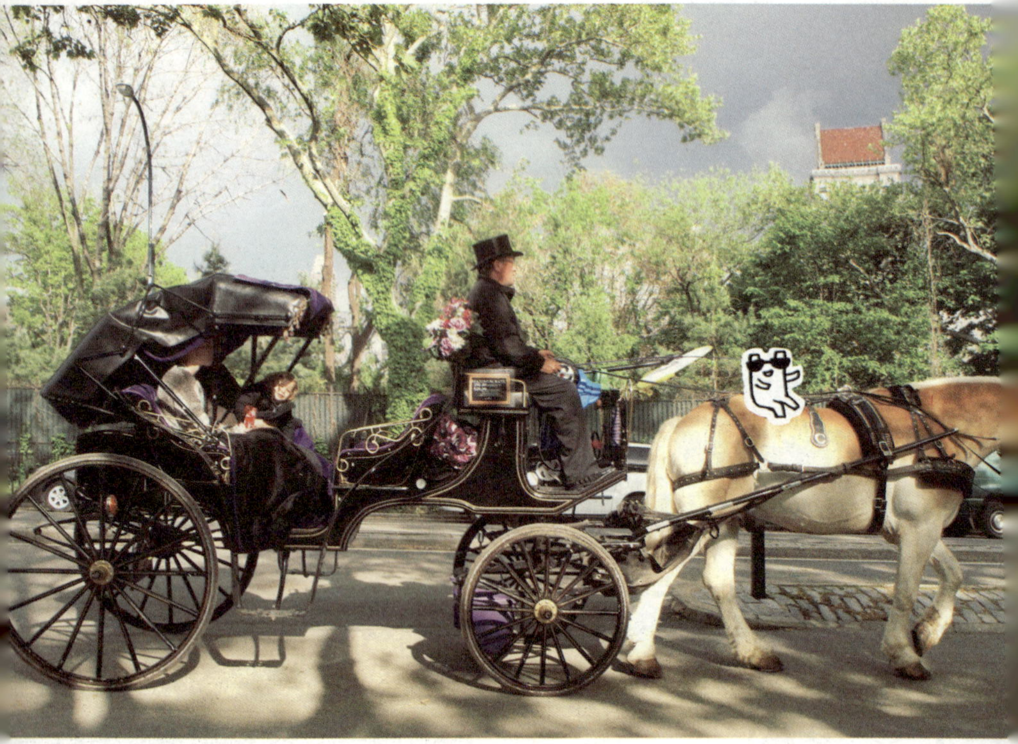

141

American Museum of Natural History
美国自然历史博物馆

　　这座世界上最大的自然历史博物馆，到处都是小朋友兴奋的嬉笑声，增添了几许热闹气氛。我非常喜欢这座博物馆，因为集结了我最爱的两样东西，一是我喜欢观察动物，无论是什么动物我全都喜欢，虽然知道要把动物做成标本是一件惨忍的事情，但若换个角度来看，其实是为了教育人们了解大自然与动物的种种习性。我还喜欢他们为每一种动物设计的专区环境，总给人一种古老画作的感觉，带着温暖的自然色调，就算不小心走进了野熊、鹿、豹或小松鼠的世界，也会倍感亲切。沿着路线慢慢走，有各式各样的动物，喜欢恐龙的话，这里也有巨大的恐龙化石模型、恐龙家族的骨头与化石；若喜欢水生动物的话，这里的蓝鲸标本也很有看头，但如果是活生生的蓝鲸的话，我应该早就吓晕过去了吧。

　　另一个理由，也可以说是让我想造访这里的第一个理由，就是伍迪·艾伦的电影《曼哈顿》中，曾将海顿天文馆（Hayden

Planetarium）作为电影的场景，我喜欢看星星、看天空，以及参观天文馆，即使它是人工模拟的星象馆，但是每当我站在星空之下，心里就会感到一股自由舒适，在这个宽阔的天空中，我只是一个小点点，如同天上的星星一般，从高空中俯视人间。

海顿天文馆是提供一般民众学习天文知识的地方，由物理学家与天文学家共同管理。这里有星象剧院，在白色的巨大圆盖建筑之下，展现科学角度的星象视野，搭配详细的解说，让深奥的天文学瞬间变得有趣起来。在走廊的两侧墙上，也展出关于星星的相片，我看着当年阿姆斯特朗第一次登陆月球时所拍摄的相片，以及许多未曾在其他地方公开过的照片，越看就越是对神秘的天空感到着迷不已。

🏠 200 Central Park West, New York 10024
🕐 周日 10:00 ~ 17:45（感恩节与圣诞节公休）
Ⓜ B、C 线，81 St Street–Museum of Natural History
✈ www.amnh.org

Neue Galerie 德奥艺术的新艺廊

迷人香气的维也纳式咖啡馆

我来到这一座艺廊，完全是冲着萨巴尔斯基咖啡厅（Café Sabarsky）来的，这家咖啡厅是以维也纳式经典装潢而闻名，而且设计艺廊的建筑师和纽约公共图书馆的建筑师是同一个人，也就是卡雷尔和黑斯廷斯（Carrere & Hastings），其建筑之美，自然不在话下。Café Sabarsky 店名的由来则是源自这座博物馆的创办人之一，同时也是艺术品经纪商的瑟吉·萨巴尔斯基（Serge Sabarsky），他收藏了 20 世纪的维也纳艺术品，在这里展示的包括美术作品与设计作品，同时也是专展德国与奥地利艺术作品的中心。

一走进 Café Sabarsky，就能强烈感受到复古装潢的气氛，华丽的灯饰与窗台边的复古凳子，都可追溯至 1912 年，店内的大钢琴，为博物馆所策划古典音乐的演奏所用。这一家的咖啡与热巧克力非常赞，口感绵密绝不能错过，而且如果你发现整间咖啡厅都是老爷爷、老奶奶，不用惊讶，因为这家的人气非常旺，不分男女老少。

如果 Café Sabarsky 客满的话，也可以试试楼下的富莱德茅斯咖啡厅（Café Fledermaus），这里的气氛将带你回到 20 世纪 70 年代，地板装潢成棋盘式的黑白格子相间，设计灵感则来自歌舞厅的大厅，美丽程度可是不相上下呢！

- 1048 5th Avenue, New York 10028（在 86th Street）
- 周一、周四 11:00 ~ 18:00 / 周二、周三公休
- 4、5、6 线，86th St. 站
- www.neuegalerie.org

The Metropolitan Museum of Art

大都会艺术博物馆

我在这里待的时间不久，但又想为这一趟可爱小旅行来介绍一下。

大都会艺术博物馆（The Metropolitan Museum of Art），又简称"The Met"，是纽约最大的博物馆。如果想通过艺术作品细细欣赏艺术与历史的痕迹，可要花上一整天的时间。馆藏除了有古埃及时代的作品，也有来自全世界的画作与雕刻、摄影作品；如果你喜欢莫内、毕加索等的艺术，来到这里近距离接触真迹，保证让你看得大呼过瘾。将时光倒转到各个时代，从古代到现代，或者也可以先向馆方索取博物馆的路线地图，先冲向特别喜欢的时代或作品区域洗礼一回。

- 1000, 5th Avenue, New York NY10028
- 周二 ~ 周四 9:30 ~ 17:30 / 周五、周六 9:30 ~ 21:00 / 周一公休
- 4、5、6 线，86th St. 站
- www.metmuseum.org

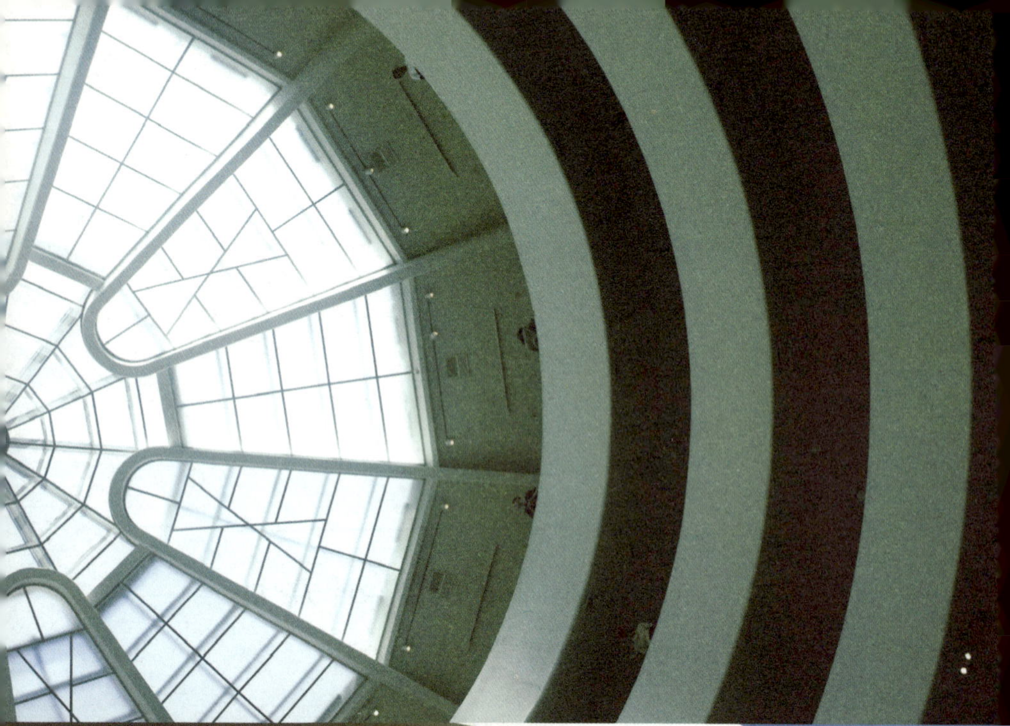

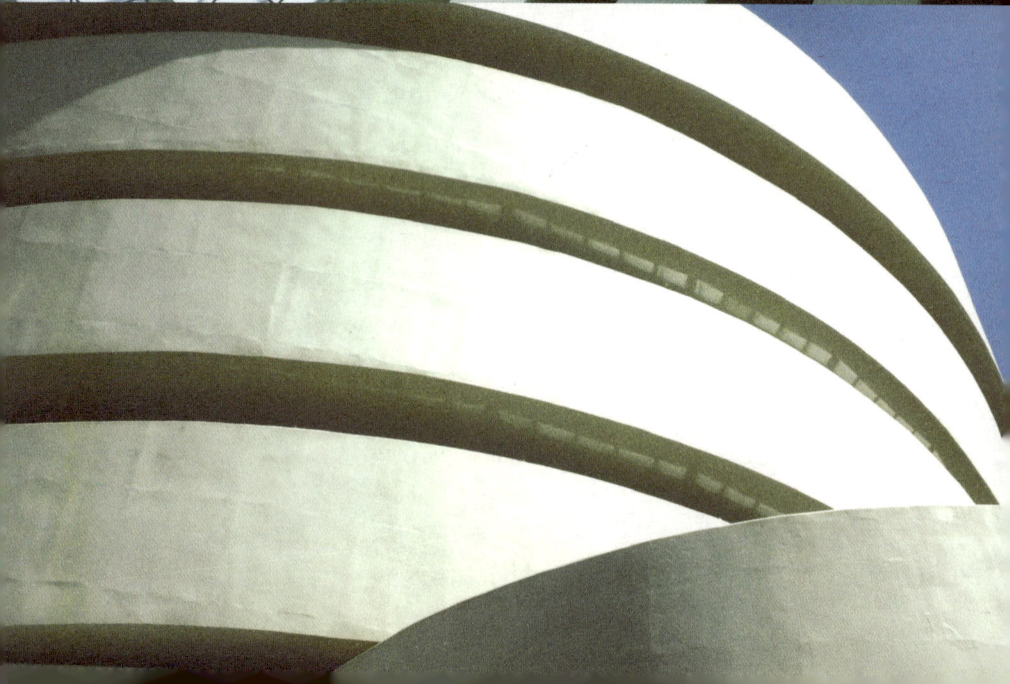

Guggenheim Museum

所罗门·R.古根汉美术馆

偷偷为这一座超酷造型的建筑物取一个小昵称"咕咕汉",没有什么原因,只不过发音跟博物馆的名字很像,这么叫也帮助我们旅行的记忆。

古根汉美术馆是由美籍企业家与艺术收藏家所罗门·R.古根汉(Solomon R. Guggenheim)所建立,这些艺术品原本放置在他的私人住所,当数量越来越多之后,决定成立美术馆作为宣传艺术中心。这一栋建筑物相当有名气,甚至是20世纪20年代的建筑代表,由美籍建筑师法兰克·洛伊·莱特(Frank Lloyd Wright)所设计,而这也是他设计的最后一个建筑物,设计案完成后不久便去世。美术馆的设计概念是为"灵魂殿堂",以圆柱形的建筑设计出缓缓升高的螺旋步道,并沿着墙面陈列艺术作品,从上面往下看,整栋建筑都像是连接起来的,所有的空间都能互相连接,要从下往上走,或由上往下走都可以。除了收藏的艺术品外,还有当代艺术作品也会在此展示,以及每个档期都有电影与表演供民众欣赏。

🏠 1071, 5th Avenue, New York NY10128
🕐 周日~周三、周五、周六 10:00 ~ 17:45 / 周四公休
Ⓜ 4、5、6线,86th St. 站
✈ www.guggenheim.org

在上城有一家想要特别介绍的纽扣专卖店，我觉得它不单单只是一间纽扣专卖店，他们细心寻找各式各样的纽扣，不只是为了让你找颗新纽扣来代替掉落遗失的纽扣而已。Tender Buttons 像是一间小小的纽扣博物馆，有自古至今与各种不同材质的纽扣，就连一颗扁平的白色纽扣，就有各种大小与样式可以依照喜好来选择。每一颗纽扣都有它们精挑细选的小细节等着你去发现，若你喜欢纽扣的话，绝对不能错过这一家专卖店，以及系列的纽扣收藏喔！

143 East 62nd Street, New York NY10065
周一～周五 10:30 ~ 18:00 / 周六 10:30 ~ 17:30
F 线，Lexington Ave.–63rd St. 站
www.tenderbuttons-nyc.com

Whitney Museum of American Art
惠特尼美术馆

  2015年，这一栋漂亮且充满60年代风格的建筑物已属于大都会艺术博物馆（The Met）所有，而惠特尼美术馆在肉品加工区（Meatpacking District）设立了新馆，这是一栋以收藏美国当代艺术而闻名的美术馆，着重于仍在世的艺术家的作品，以及来自世界各地的20世纪美式风格的艺术作品，尤其是主展"双年展[①]（T Biennale）"，展示出美国艺术的沿革与发展至今，让现在的年轻人真正了解到艺术历史之演变。除了能欣赏艺术作品之外，欣赏建筑本身的现代风格也是不容错过的重点之一。

- 945 Madison Avenue, at 75th Street, New York NY10021
- 周三~周日 11:00 ~ 18:00 / 周五 11:00 ~ 21:00
- 6线，77th St. 站
- www.whitney.org

[①]泛指两年一期的重要艺术展览。

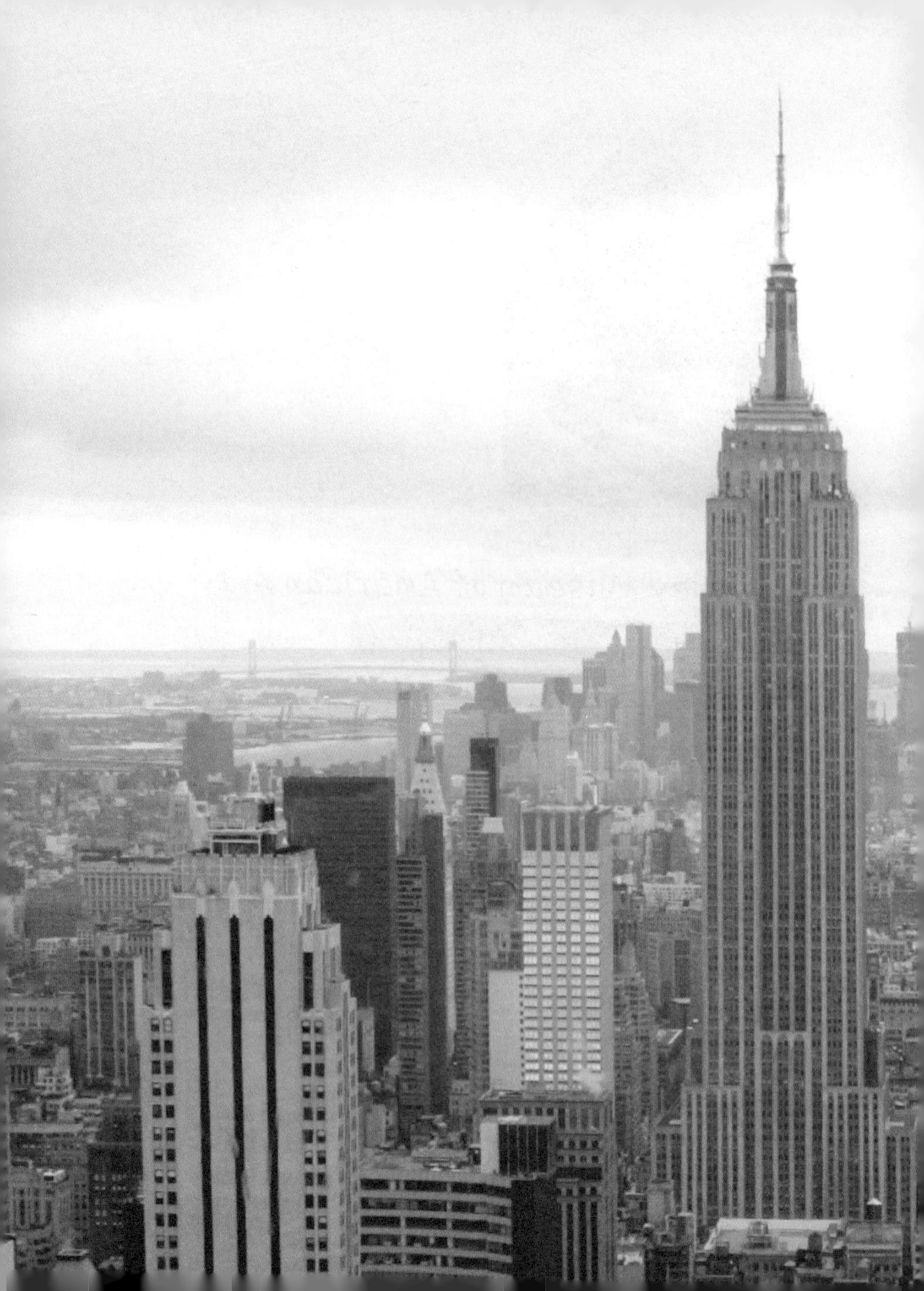

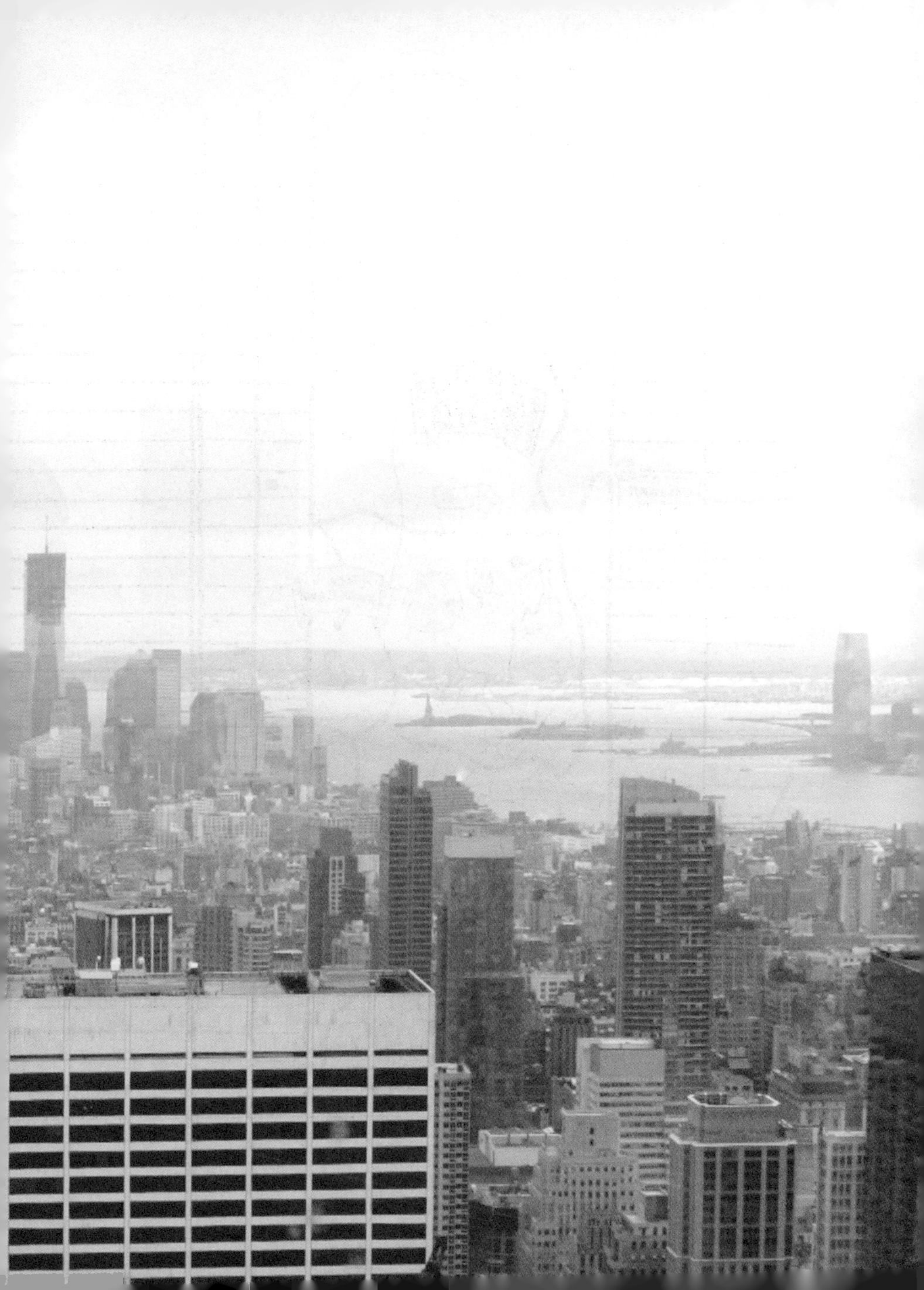

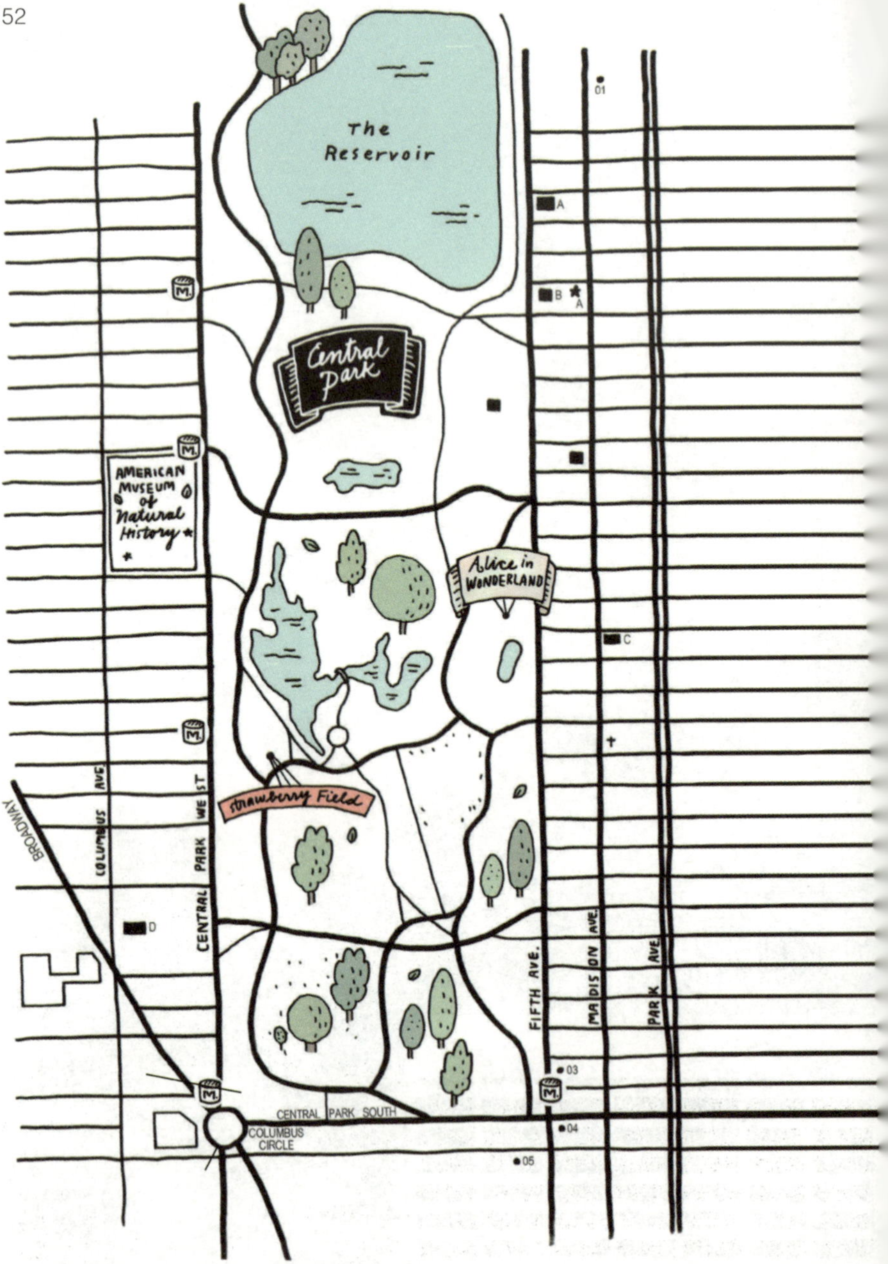
The Reservoir
Central park
AMERICAN MUSEUM of Natural History
Alice in WONDERLAND
strawberry Field
BROADWAY
COLUMBUS AVE
CENTRAL PARK WEST
FIFTH AVE.
MADISON AVE.
PARK AVE
CENTRAL PARK SOUTH
COLUMBUS CIRCLE
M.
M.
M.
M.
M.
A
B
A
C
D
01
03
04
05

MAP

● 地标、商店、市场、百货公司、饭店、公园、娱乐地点
★ 餐厅、咖啡厅
■ 博物馆、艺廊
🅂 地铁

- 01– Corner Book Store
- 02– Tender Buttons
- 03– Barneys
- 04– F.A.O Schwarz
- 05– Bergdorf Goodman

★ A– Cafe Sarbasky

■ A– Guggenheim Museum
■ B– Neue Galerie
■ C– Whitney Museum of American Art
■ D– Museum of American Folk Art

EAST 91ST STREET
EAST 90TH STREET
EAST 89TH STREET
EAST 88TH STREET
EAST 87TH STREET
EAST 86TH STREET
EAST 85TH STREET
EAST 84TH STREET
EAST 83RD STREET
EAST 82ND STREET
EAST 81ST STREET
EAST 80TH STREET
EAST 79TH STREET
EAST 78TH STREET
EAST 77TH STREET
EAST 76TH STREET
EAST 75TH STREET
EAST 74TH STREET
EAST 73RD STREET
EAST 72ND STREET
EAST 71ST STREET
EAST 70TH STREET
EAST 69TH STREET
EAST 68TH STREET
EAST 67TH STREET
EAST 66TH STREET
EAST 65TH STREET
EAST 64TH STREET
EAST 63RD STREET
●02 EAST 62ND STREET
EAST 61ST STREET
EAST 60TH STREET
EAST 59TH STREET
EAST 58TH STREET

LEXINGTON AVE.

PERMANENT RECORDS

　　把这一章取名为"纽约大街里的小巷",来自于我觉得纽约这个大都市实在是够大,这一区那一带繁荣昌盛,而吸引人造访的地方又分散在纽约各地,这一章的小旅行专门为这些分散在大都市各个角落的小店家做一个集合式的指南。

NewYork
Nidnid
Noinoi
纽约
大街里的
小巷

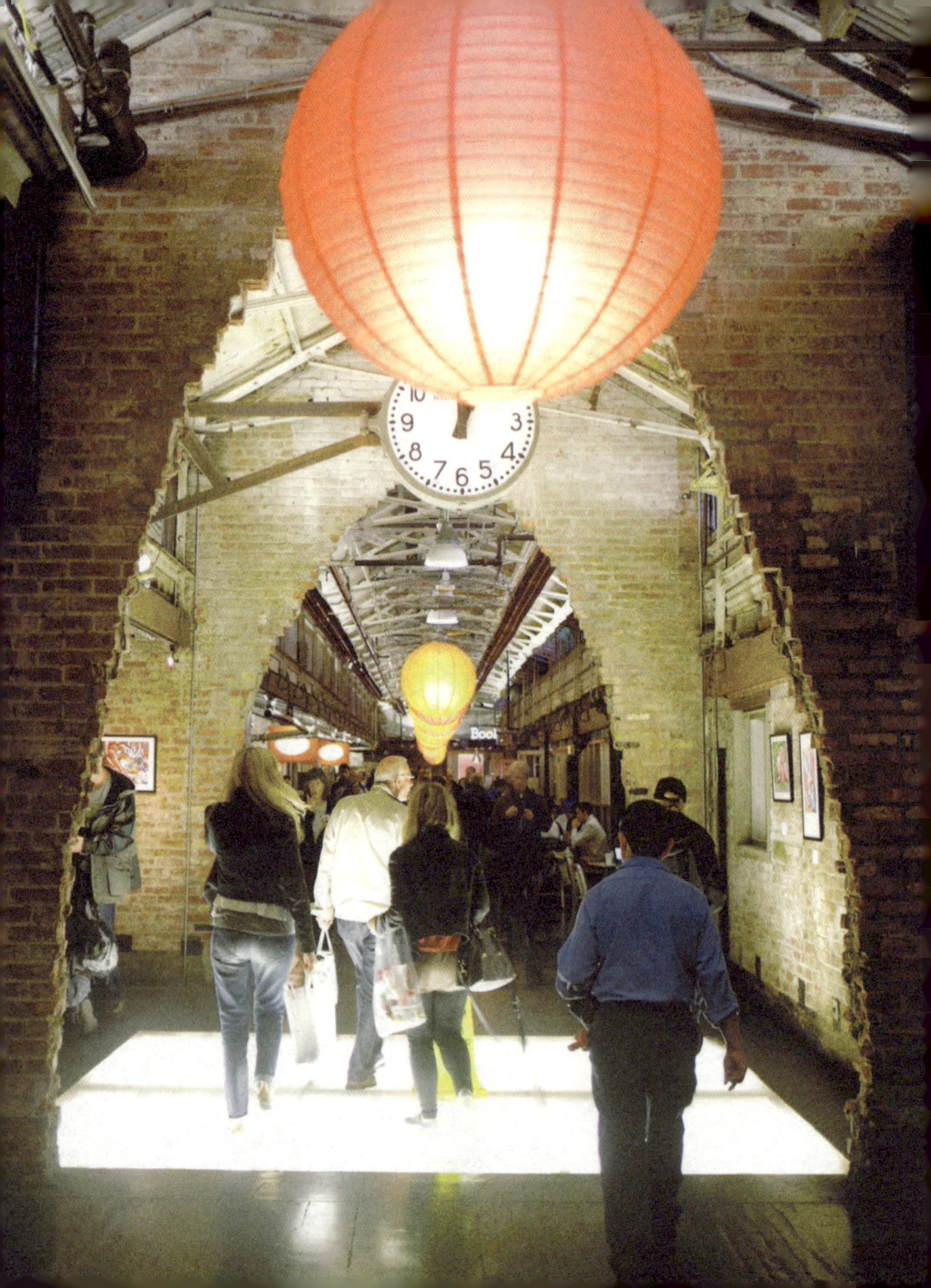

时尚达人特有
的拦出租车的
POST

Meatpacking District 肉品加工区

流行时尚、艺术家进驻，带动商业发展

　　这一区是名副其实的包肉区，因为曾经是屠宰场之地，而且只有 20 个店面这么大而已，后来因应都市发展的关系，租金越来越贵，导致屠宰场纷纷迁离到其他地方，取而代之的是流行时尚、平面设计、建筑设计与艺术家们的进驻，加上旧铁道改建成空中公园的 High Line 的出现，刚好跨过甘斯沃尔特街，因此带来蓬勃的商业发展，人潮也随之蜂拥而至。2015 年惠特尼美术馆也搬到了这里（首馆在上东城），可说是为这一带增添新色彩的改变。

chelsea Market 切尔西市场

觅食的欢乐时光

　　自 1890 年就开始制造奥利奥（OREO）著名饼干的食品大厂——纳贝斯克工厂（National Biscuit Company），转型变成一间室内市场美食商场。这里依旧保留了工厂特有的氛围，随处可见旧海报、旧饼干盒、坚固的砖墙、大片的木板地、各个管路系统，甚至是运货的电梯，这些被保存下来的老旧氛围伴随着你在市集内寻觅食物的欢乐时光，可别忘了拍照纪念喔！

　　切尔西市场分成多区域，有购物区、美食区等，但以美食居多，像是新鲜海产店，如纽约龙虾地（The Lobster Place）可现挑活龙虾当场调味烹煮，然后直接坐在那里吃，跟中式餐厅的龙虾一样大只，用塑料盘子盛着吃也别有一番滋味，或者还有种类多样的牡蛎，尽是新鲜的食材。而工厂的内部常常有店家来摆摊，还有 2003 年开始，在切尔西市场成立的年轻设计师作品与跳蚤市场。

🏠 75 9th Avenue, New York 10011（15th St. 到 16th St. 之间）
🕐 周一~周六 7:00 ~ 21:00 / 周日 8:00 ~ 20:00
➤ www.chelseamarket.com

MAP

- 地标、商店、市场、百货公司、饭店、公园、娱乐地点
★ 餐厅、咖啡厅
■ 博物馆、艺廊
回 地铁

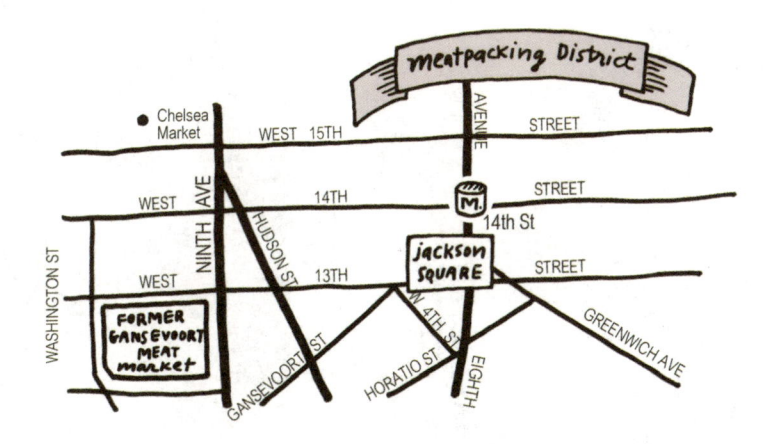

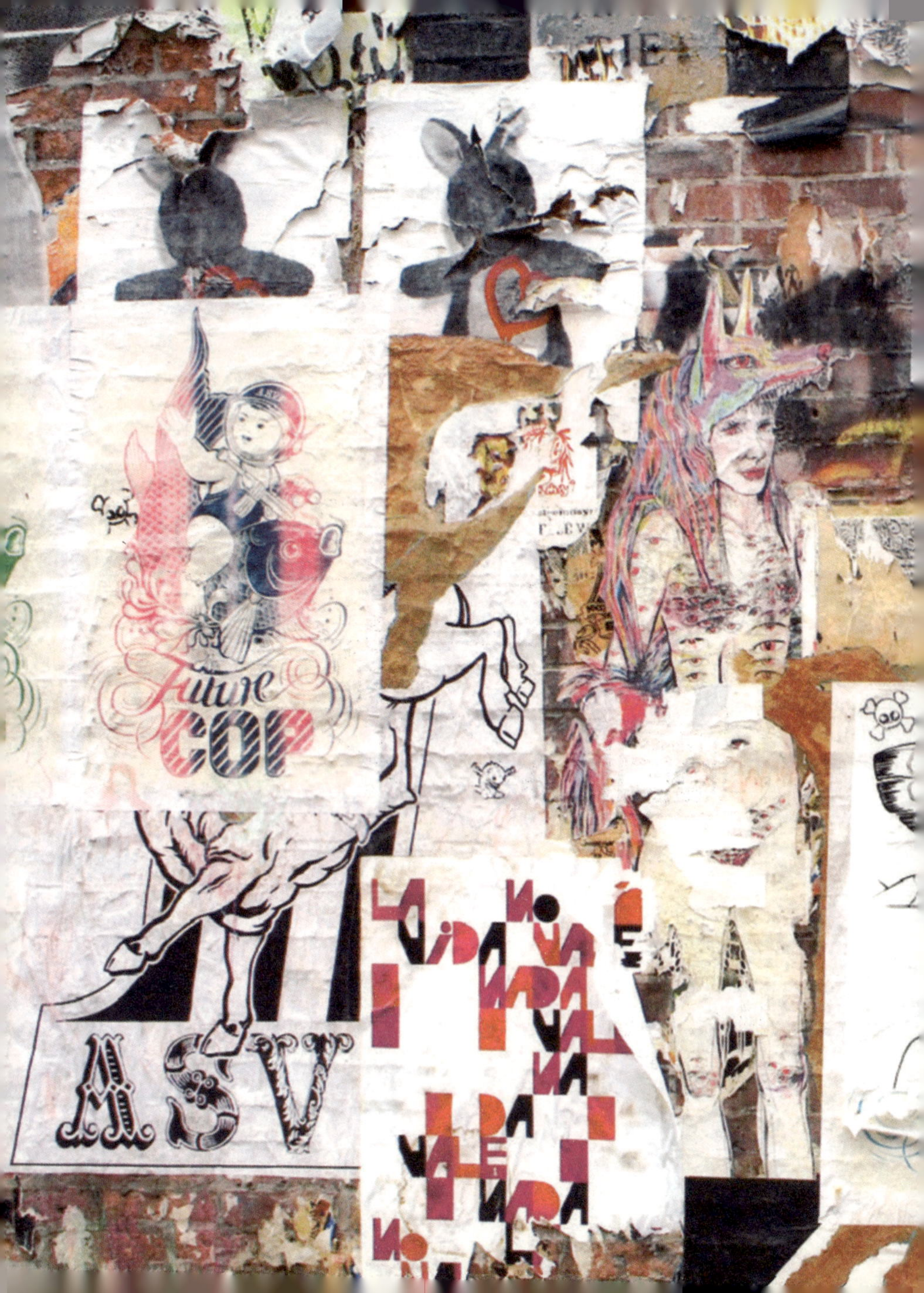
Future
COP
ASV

chelsea 切尔西

前卫艺术气息浓厚，名牌精品聚集地

　　自肉品市场区往北，靠近哈德逊河的地方就是切尔西，到处都是旧仓库，内部改装成艺廊，这一带以同性恋者聚集居住而闻名，被戏称为"切尔西男孩"。这一带的周围是住宅区、公寓或房子，也是名牌精品聚集地之一，像 Barneys、Comme des Garcons、Alexander McQueen 等等。

Ⓜ A、C、E 线，14th St. 站

Comme des Garcons

日本川久保玲 叛逆颠覆的时尚品牌

美国唯一一间分馆就在这里。

川久保玲①特别钟意这一区的气氛，反而不是苏活区或第五大道。美国 Comme des Garcons 的据点，会出现在一点都不时尚的地方一点都不奇怪，因为它在其他国家的据点似乎也是这样的风格，毕竟光是 Comme des Garcons 的到来，就已经足以让一切都变成可能，正如同她的品牌服装。

这一间分馆隐藏在街头喷漆艺术的巷弄间，走过去要小心别错过了蛋形的入口，而且当然啦，Comme des Garcons 的所有系列商品都被搬到这里来了。

🏠 520 West 22nd Street, Manhattan, New York 10011
🕐 周一~周六 11:00 ~ 19:00 / 周日 12:00 ~ 18:00
Ⓜ C、E 线、23rd St. 站
➷ www.comme-des-garcons.com

①日本服装设计师，在法国巴黎大放异彩。其作品风格叛逆、前卫，带有强烈的个人色彩，以不对称、曲面状的服饰闻名，受到许多时尚界人士的喜爱。

COMME des GARÇONS

Printed Matter

支持艺术与梦想的独立书店

我非常非常喜欢这一间书店。它对宣传艺术作品的出版不遗余力，支持对文字与出版抱着爱与梦想的每一个人，而且还能让你做自己的出版社呢！

因为梦想是伟大的，它需要得到支持才得以成真。

Printed Matter 可说是全世界规模最大的非营利事业单位，由一群美国艺术相关人士连手合办，目标是希望在出版印刷方面支持各类型的艺术家，无论是出版成书或各种形式的印刷品，希望能为宣传艺术出一份心力。Printed Matter 的精神是"一本书即是一件艺术品"（Artwork for the page），并以大量印刷取胜，分摊成本压低到让读者以平实的价格就能买到优良的艺术印刷品，这也是另一种拉近与艺术家距离的方法。在美国，一般店里所贩卖的书，定价大约 20 美金，但这里的书定价 5 美金左右，因此也在出版业之间造成了话题。

  我们在公休日参观了这间书店（店员人很好，愿意让我们在休息的时间进去逛，可能是同情我们千里迢迢来到，嘻嘻），虽然是独立书店，但是店里的书籍与印刷物不像是手工制作，反而是精致得媲美大公司出品的印刷品，有各种书籍，大本、小本、厚的、薄的，放眼望去满满都是梦想与心血的投入，为了把正面的能量传达给我们。

  这间书店为了打造更宽广的读者市场，还将店内贩卖的书或作品送到各地图书馆，这么做是为了让这些书更深入地送达到更多读者的手上，包括协助作家、艺术家们将作品转换成其他形式，如录音带、录像带或 CD 光盘。除了非常欣赏 Printed Matter 的经营理念之外，我还偷偷地期待在泰国也能出现这样的合作模式。

🏠 195 10th Avenue, New York NY10011
🕒 周一~周三、周六 11:00 ~ 19:00 / 周四、周五 11:00 ~ 20:00 / 周日公休
Ⓜ A、C、E 线，23rd St. 站 / A、C、E 线，14th St. 站
➤ www.printedmatter.org

NATIONAL BISCUIT COMPANY
They're
'crackin' good
PREMIUM SODA CRACKERS
ONE POUND
OREO SANDWICH
NABISCO SPICED WAFERS
Uneeda Biscuit
NABISCO SPICED WAFERS

MAP

- 地标、商店、市场、百货公司、饭店、公园、娱乐地点
★ 餐厅、咖啡厅
■ 博物馆、艺廊
🚇 地铁

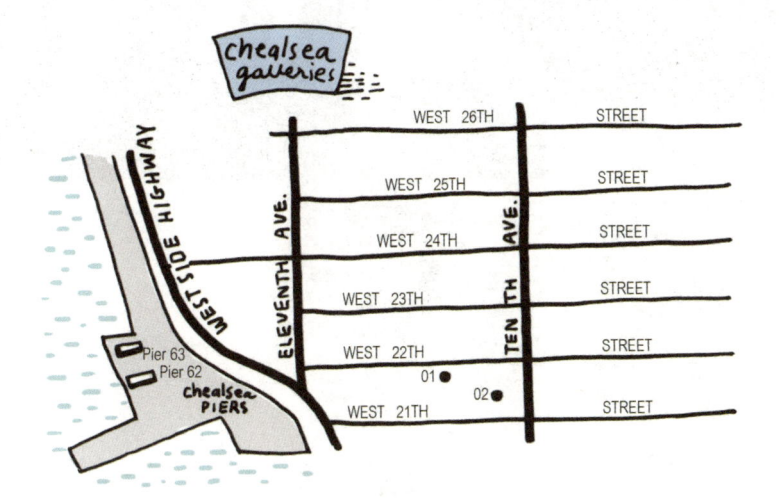

我们的老家呢

- 01-COMME des GARCONS
- 02-Printed Matter

TODAY FROM THE MARKET
ORGANICALLY RAISED IN PASTURES IN NY STATE - BEEF -
- BURGER GROUND DAILY -
IN HOUSE
HOUSE CURED BACON.
PASTURE RAISED
GROWTH HORMONE-FREE
NO ANTI BIOTICS
LOCAL — HERITAGE BREEDS
GOOD BACON
MANY GREENS
ask within

Tribeca 翠贝卡

沿着哈德逊河悠闲散步,豪华餐厅、非主流名牌精品店

  这一带的名字来由是"Triangle Below Canal Street",位于百老汇街以西,因为犯罪率最低,被公认是纽约客最想居住的区域。我们可以沿着哈德逊河悠闲散步,这里的商家不像购物商圈那样紧紧相邻,但也有不少豪华得让人想坐下来的餐厅,以及非主流的名牌精品服饰店。也许是因为看准了强力的客户,这一区才会如此舒适与方便。而让翠贝卡从20世纪60或70年代的荒废空虚变成如今的高档上流区,就是新一代艺术家纷纷聚在这里,一起改善翠贝卡而取代了上东城,变成了全纽约最高档的地区。

Just Scandinavian
斯堪地纳维亚半岛式风格

　　如果你是斯堪的纳维亚半岛式风格的爱好者，这一家服饰店绝对会让你感动。Just Scandinavian由老板安·永贝里（Ann Ljungberg）从家乡直接进口商品，她出生于瑞典的斯德哥尔摩，到纽约进修艺术相关科系毕业之后，就开始盘算着进口老家的商品来卖，店内有创意小物到大型商品，甚至有些东西只能在这里才买得到喔！一边逛一边欣赏斯堪的纳维亚半岛式风格的美丽设计，心情就觉得好雀跃。

🏠 即将搬迁，新地址请上官方网站查询
🕐 周二~周六 11:00 ~ 19:00 / 周日 12:00 ~ 18:00 / 周一公休
Ⓜ 1、A、C、E线，Canal St. 站
➤ www.justscandinavian.com

Tribeca Film Center 翠贝卡电影中心

重振人心的力量

　　我在这一带逛到忘我，在经过哈德逊街（Houdson St.）来来回回地沿着巷弄乱晃，眼前突然出现伫立于格林威治街街角的 Tribeca Film Center，大约在北摩尔街（North Moore St.）和富兰克林街（Franklin St.）之间，被它像是电影院又不像电影院的感觉吸引住。因为它的门口广告牌做得像电影院，要说是办公室应该也不是吧，但是名字后面又挂有 Film Festival（影展）的字样，我的好奇心越来越强烈，最后还是决定跑进去请服务员让我们参观，究竟这么令人好奇的广告牌里面到底藏有什么好东西。

　　后来才知道原来翠贝卡影展（Tribeca Film Festival）是由资深

影帝罗伯特·德尼罗(Robert De Niro)与电影制作人珍·萝森黛尔(Jane Rosenthal)及其丈夫克雷格·哈克夫 (Craig Hatkoff) 一同创办。最初创立的动机是因为"9·11事件"中受到攻击的世贸大楼就离这里不远，因此他们发起了影展活动，来安抚曼哈顿人民因攻击事件所受到的心灵伤害，为了让这里成为纽约的电影中心，所展示的电影挑选自全世界各地，大部分是以独立制片的电影、纪录片与短片为主，也有提供租借场地的服务，对参加影展或非主流电影有兴趣、想体验一下不同于一般玩乐气氛的人，欢迎上官方网站查询活动消息喔！

🏠 375 Greenwich Street, New York NY10013（位于 North moore St. 和 Franklin St. 之间）

🕐 每日24小时开放

Ⓜ 1线，Franklin St. 站

➢ www.tribecafilmcenter.com

173

MAP

● 地标、商店、市场、百货公司、饭店、公园、娱乐地点
★ 餐厅、咖啡厅
▬ 博物馆、艺廊
▣ 地铁

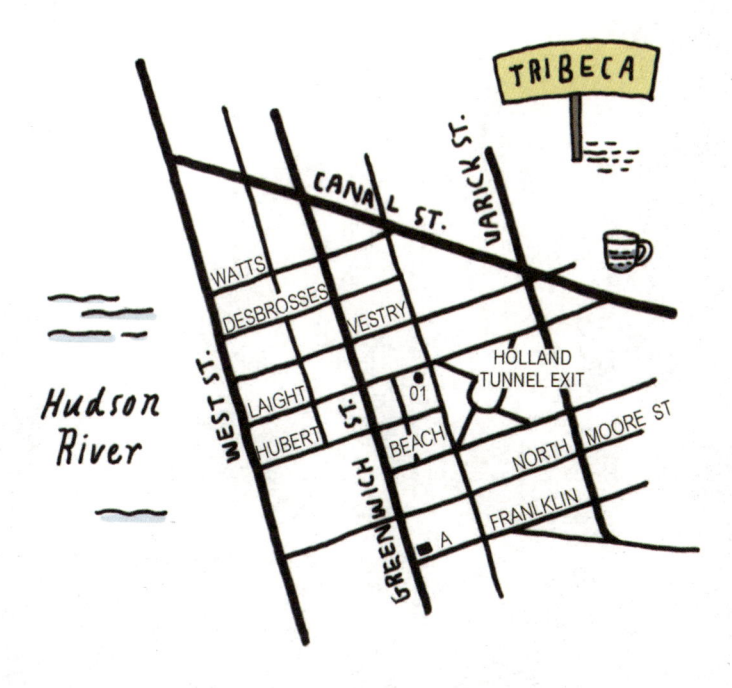

TRIBECA

CANAL ST.
VARICK ST.
WATTS
DESBROSSES
VESTRY
HOLLAND TUNNEL EXIT
WEST ST.
LAIGHT
HUBERT
BEACH
GREENWICH ST.
NORTH MOORE ST
FRANKLIN

Hudson River

● 01– Just Scandinavian
▬ A– Tribeca Film Center

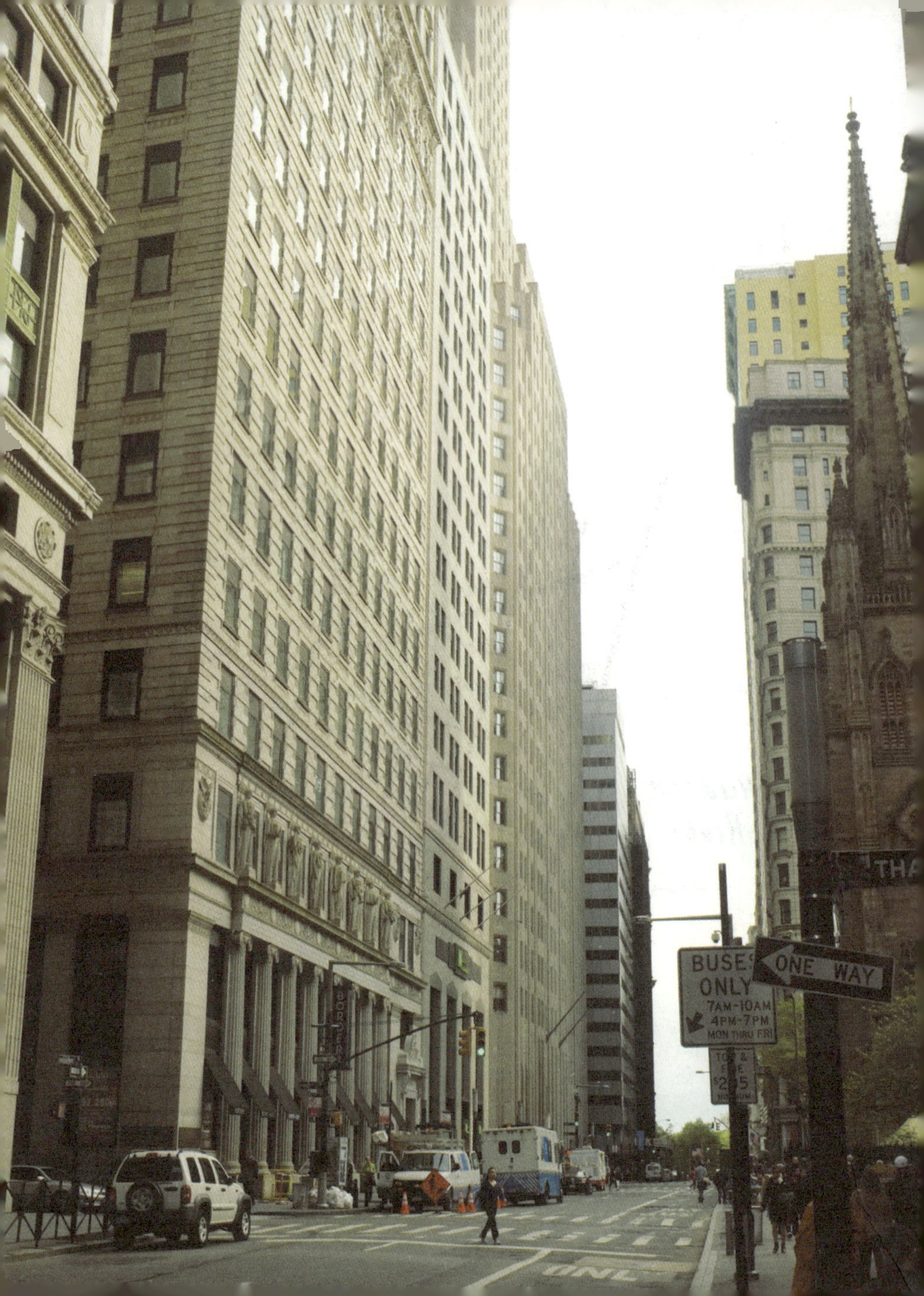
BUSES ONLY
7AM-10AM
4PM-7PM
MON THRU FRI
ONE WAY

华尔街

Financial District 金融中心

漫步于金融大楼、古老教堂、历史古迹

事实上这一区相当大,而且它的重要性可以说是纽约的地标之一,但为何被列进"纽约大街里的小巷"的分类里呢,不会太小看它的存在了吗?这是因为这里商业的气息浓厚,和以悠闲可爱为重点的小旅行属性不同,所以我们在这里花的时间并不会太多。

金融中心是纽约最重要的金融商业区域,有足以影响全世界金融指针的纽约证券交易所(New York Stock Exchange),以前曾开放让观光客参观,一直到"9·11事件"之后就没有再开放了。这一带还有很多吸引人的历史古迹,政府在推行现代化的同时也保存了旧有建筑,你可能会在经过现代化的玻璃大楼之后,发现隔壁就是一座古老的教堂,而且也是一区没有经过整顿、尚未规划成棋盘式街区的地方,所以我们还能穿梭在金融区大楼之间体验到玩味的乐趣。

若你喜欢历史、有导游带路、一路聊着沿路风景的话题,可以考虑华尔街与金融中心徒步行程(Wall Street and Financial District Walking Tour),将会有专业导游带着你穿梭这一带地方,顺便跟你说每一栋大楼的重要性与故事,也是一种有趣的旅游方式呢!

World Trade Center

世界贸易中心

　　依稀记得大家都不希望发生的那一天，即使只是一个通过电视收看转播的人，还是忍不住惊讶与失落。原世贸中心建立于1973年，共由7座大楼组成，一号大楼与二号大楼是我们所熟悉的世贸双子星大楼，分别位于北边与南边，曾经是世界上最高的建筑，从1972年到1974年维持了两年，在经过"9·11事件"之后，纽约的重要地标便重新建造。

　　直至2012年，历经11年的时间，这一对双子星大楼又回来站在原本的地方，这段时间有开放内部参观，只要有事先申请即可，而人潮也是相当汹涌，但我还是觉得那一股沉痛的感觉依旧被封存起来，即使时间过了多久，即使已经有新的大楼取代了原本的残骸，等待时间将周围的气氛渐渐复原，回到以往的辉煌热闹。重建后世界贸易中心一号大楼（1 World Trade Center）总共有104层楼，也在2013年成为世界第三高的大楼。

1 World Trade Center, New York NY10048

N、R 线，Cortlandt St. 站 / E 线，World Trade Center 站 / A、C、4、5 线，Fulton St. 站

www.wtc.com

The Statue of Liberty

自由女神像

从约翰·肯尼迪国际机场一出来前往曼哈顿的路上，就会远远看到自由女神像迎接着你的到来。

到纽约的真实感，是从远远看到她的神像，从小小的……慢慢地变大……越来越大……

在这座仅有12英亩（约485亩）的小岛上，是自由女神像的所在位置，是法国所赠予的自由象征，以表示欣赏美国勇敢站起来摆脱英国而独立的精神，最后终于成功地宣布独立。设计出这一座女性青铜神像的工程师是居斯塔夫·艾菲尔[①]（Alexandre Gustave Eiffel），也就是打造埃菲尔铁塔的建筑师。自由女神像内部上层的观景台，在"9·11事件"之后曾经暂时关闭，包括位于楼下的博物馆，最近又重新开放。你可以选择免费或付费的方式搭乘渡轮到自由岛近距离欣赏自由女神像，或者想从远处和她打招呼也可以，到了晚上灯光点缀她的美丽，让这一座自由之都光亮了起来。

你可以到巴特里公园（Battery Park）搭乘渡轮（Statue of Liberty Ferry），这边是属于付费的搭乘，它还会顺道带你去埃利斯岛（Ellis Island）。但如果想搭乘免费的渡轮，就要从白厅路（Whitehall）附近的码头搭乘史坦顿岛渡轮（Staten Island Ferry）。

---

①艾菲尔是自由女神像法国制造的部分的后来设计者。

Wall Street

华尔街

这是一个与股票、股市形影不离的名词，以前有很多证券公司在这里设立办公室，即使现在都已经陆续搬离了，但这里依旧是这一行的地标。另外，还有华尔街的铜牛雕像，很多人都会特地来这里排队照相喔！

🏠 110 Wall Street, New York NY10005

Ⓜ 2、3线，Wall St. 站 / J、Z 线，Broad St. 站

century 21

名牌打折，不买会后悔！21世纪百货

　　老实说我不怎么喜欢纽约的百货公司的氛围，尤其是大型的百货公司，给人一种误入战场的错觉，人潮拥挤，多到爆炸，光是走路都像在跳黏巴达一样，我偷偷猜想应该都是观光客吧。而21世纪百货将名牌商品大打折扣招揽客群，其人潮也是不容小觑。先撇开名牌不提，他们陈列商品的风格，比较像是畅货中心或量贩店，即使如此，挖到宝与买到就赚到的胜利感仍让人乐此不疲；如果你就是这样的人的话，21世纪百货非常适合你，因为你会在这里买到非常便宜的名牌货，不时还能找到特别的款式让你带回家搭配出个人风格（我就在这里买到好几双可爱的丝袜），但是有一点要注意的是，质量未必有保证，尤其是零嘴点心，更要特别注意保质期限，最好不要因为便宜而得不偿失喔！

- 22 Cortlandt Street, New York NY10007（位于 Church Road 与 Boradway 之间）
- 周一 ~ 周三 7:45 ~ 21:00 / 周四、周五 7:45 ~ 21:30 / 周六 10:00 ~ 21:00 / 周日 11:00 ~ 20:00
- 4、5 线，Fulton St. 站 / N、R 线，Cortlandt St. 站
- www.c21stores.com

WORLD TRADE CENTER SITE
(ground zero)
Financial DISTRICT
BATTERY Park
01
02
03
04
05
06
07
A
B
Cortlandt STREET
WALL ST
Rector ST
Rector ST
Broad ST
WALL ST
Bowling Green Bull
Whitehall ST
South Ferry
Statue of Liberty Ellis Island & Ferry Tickets
Castle Clinton National Monument
LIBERTY STREET
LIBERTY STREET
JOHN STREET
MAIDEN LANE
GOLD ST
PLATT STREET
LOUISE NEVELSON PLAZA
CEDAR
CEDAR
CEDAR STREET
THAMES STREET
ALBANY STREET
CARLISLE STREET
PINE STREET
WALL STREET
RECTOR STREET
NASSAU ST
WASHINGTON STREET
GREENWICH STREET
TRINITY PLACE
BROADWAY
BROADWAY
NEW STREET
BROAD ST
WILLIAM STREET
PEARL STREET
SOUTH STREET
BEAVER STREET
SOUTH WILLIAM ST
STONE ST
STONE ST
GOUVERNEUR LANE
OLD SLIP
WHITEHALL ST
BRIDGE STREET
PEARL STREET
WATER STEET
SOUTH STREET
FRANKLIN D. ROOSEVELT DRIVE
WEST ST.
WASHINGTON ST
GREENWICH ST
BATTERY PLACE

MAP

● 地标、商店、市场、百货公司、饭店、公园、娱乐地点
★ 餐厅、咖啡厅
■ 博物馆、艺廊
🚇 地铁

- 01– Century 21
- 02– Chase Manhattan Bank
- 03– Trinity Church
- 04– New York Stock Exchange
- 05– Morgan Guaranty Trust Building

■ A– Museum of American Financial History
■ B– National Museum of the American Indian

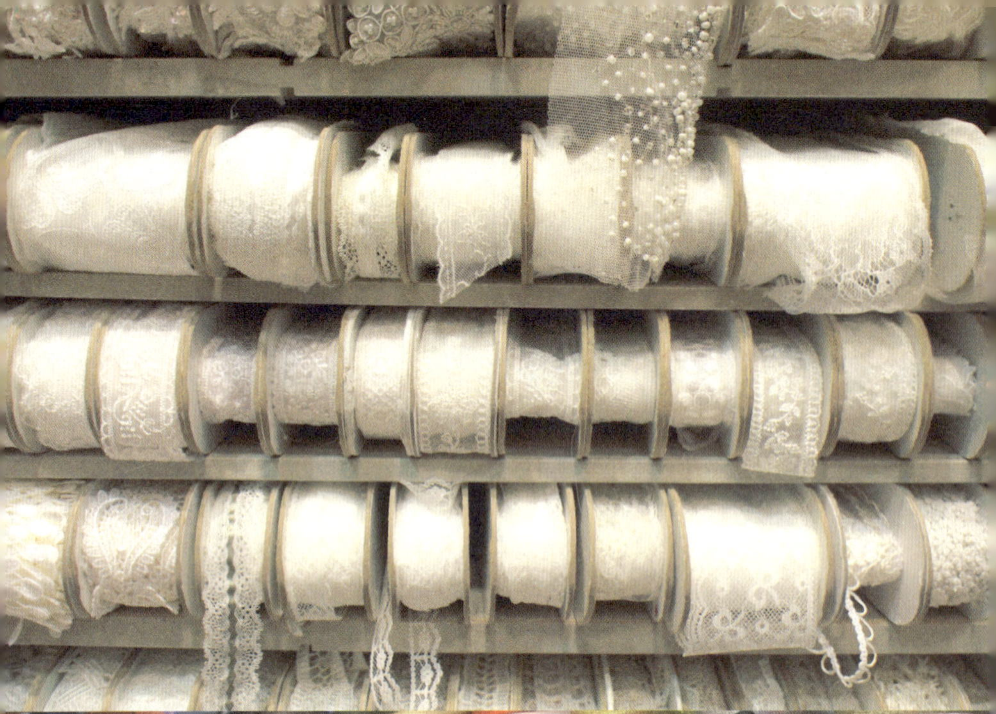
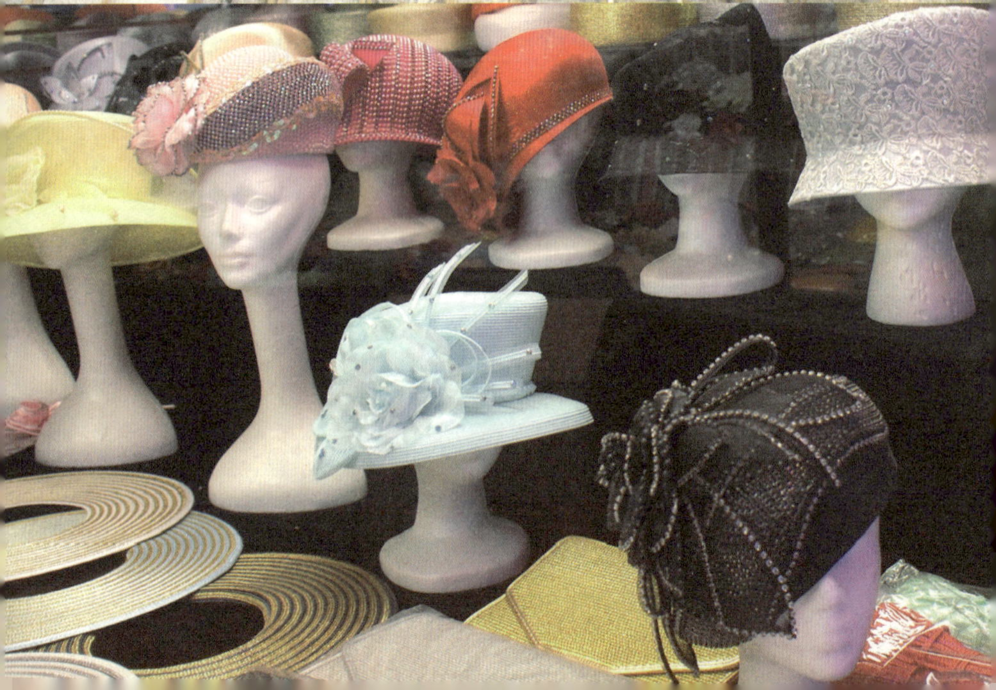

Garment District 成衣区

到地狱厨房周末市场寻宝，顺道吃焗烤起司

　　我想称这一区是纽约的水门市场（注：水门市场是曼谷最大的成衣批发零售地），商家的氛围与贩卖的东西物品非常有水门的感觉。成衣区是长久以来的纺织工厂所在地，从1820年有成衣贩卖的年代开始，这一区就是纺织工厂、服饰、饰品商业的集散地，还包括贩卖成衣批发店，就连缝纫工具、扣子、缎带、毛线也有不少店家在批发贩卖。另外，在工艺店也特别设有新娘专区喔！

M&J Trimming

梦幻蕾丝！DIY爱好者必逛的手工艺店

　　法式、日式、中式、泰式的蕾丝，应有尽有，这是一家经营批发与零售多年的手工艺店，也有新娘专区喔！无论是发饰或帽子等等，要选已经做好的成品，还是要挑材料自己动手发挥创意，这里都有提供喔！

🏠 1008 6th Avenue, New York NY10018（在37th St. 与38th St. 之间）

🕐 周一~周五 9:00 ~ 20:00 / 周六 10:00 ~ 18:00 / 周日 12:00 ~ 18:00

Ⓜ B、D、F、N、Q、R、V、W线，34th St.-Herald Sq. 站

✈ www.mjtrim.com

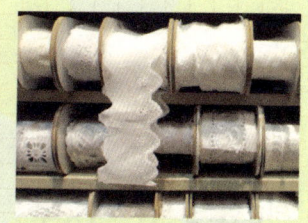

在第七大道的38街(38th St.)街到39街(39th St.)街之间,可以发现一座男性雕像坐落在时尚区游客服务中心旁边缝衣服,一边还有一颗超大的扣子,他坐在公车站牌附近,好可爱喔!

Hell's Kitchen

地狱厨房周末跳蚤市场

　　这一带有一个地狱厨房周末跳蚤市场（Hell's Kitchen Flea Market），在西39街（West 39th St.）的第九大道到第十大道之间，它们与阿勒克斯古董跳蚤市场（Annex Antiques Flea Market）合在一起，大部分的东西是复古风或真古董，零零碎碎从居家饰品到衣服饰品非常多，摊位也很多，逛起来很悠闲，复古服饰价格也很便宜，喜欢居家饰品或古老唱片的人可以来这里寻宝喔！

- West 39th Street & 9th Avenue
- 周六、周日 9:00 ~ 17:00
- A、C、E 线，42nd St.–Port Authority Bus Terminal 站 / 7 线，Times Sq.–42nd St. 站
- www.hellskitchenfleamarket.com

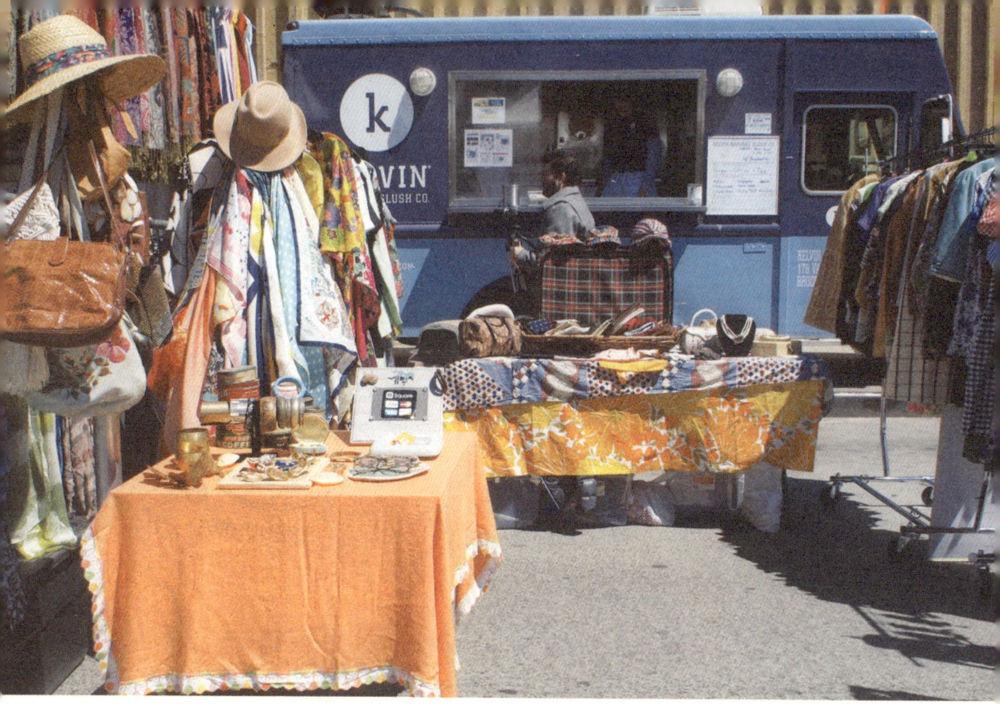
SLUSH CO.

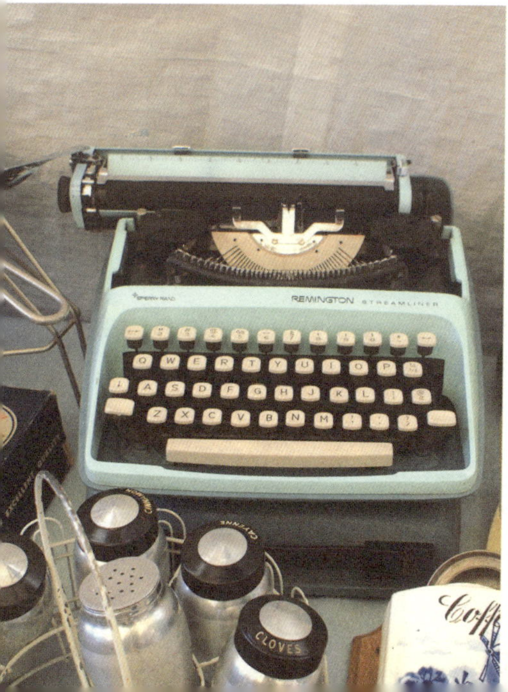
REMINGTON STREAMLINER
CLOVES

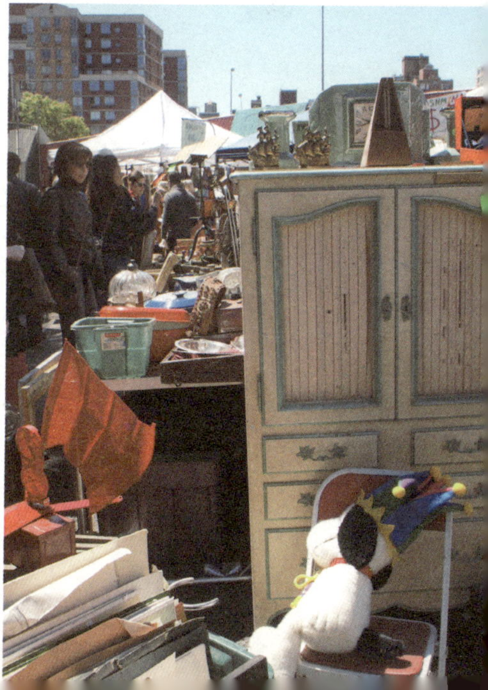

除了来这里闲逛一下地狱厨房周末跳蚤市场，我还喜欢一家位置在街角的餐厅 44 & X Hell's Kitchen，从一大早开到午夜时段，供应美式餐点，像是起司味浓厚的烤通心粉和香酥松饼拌新鲜水果，现在回想都还会流口水呢！

- 10th Aenue, New York NY10036（位于 44th St. 到 45th St. 之间）
- 周一~周五 11:30 ~ 14:30, 17:30 ~ 24:00 / 周六、周日 11:30 ~ 15:00, 17:30 ~ 24:00
- A、C、E 线，42nd St.–Port Authority Bus Terminal 站
- www.44andx.com

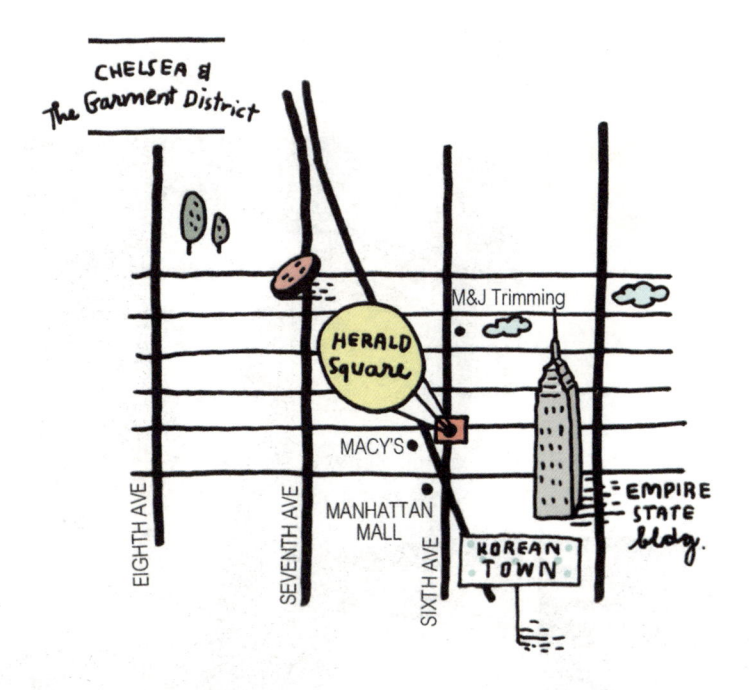

MAP

- 地标、商店、市场、百货公司、饭店、公园、娱乐地点
- ★ 餐厅、咖啡厅
- 博物馆、画廊
- 地铁

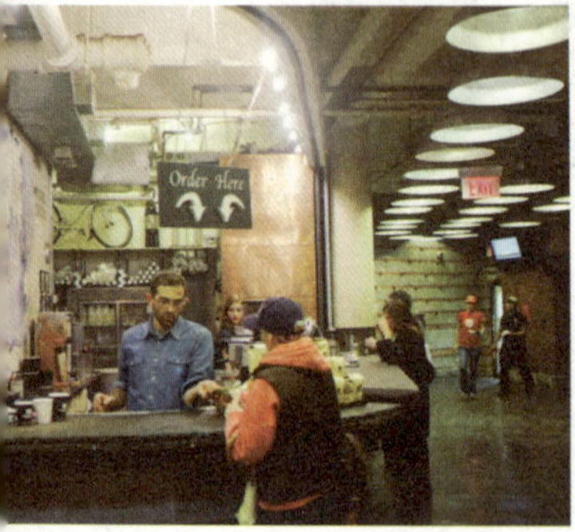
Order Here

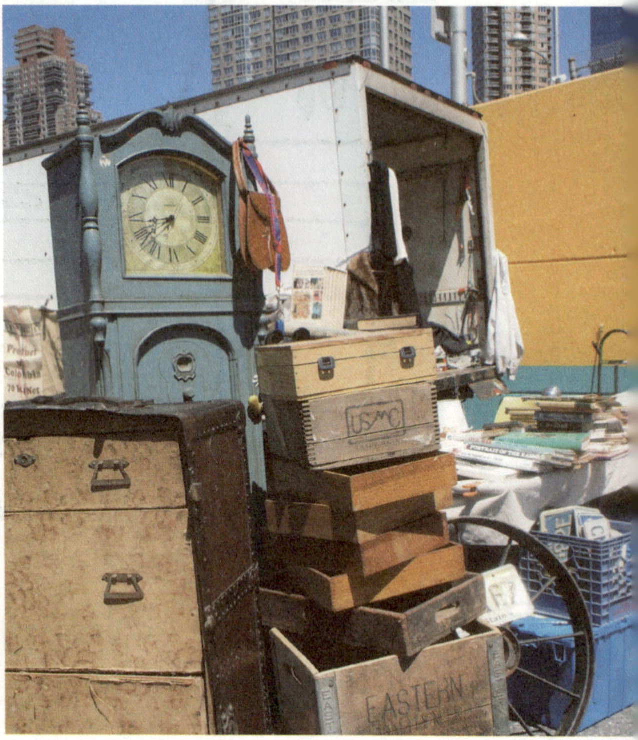
USMC
EASTERN

191

KIOSK PAPER

HERE, THERE & NOW

At the beginning of the 20th century, Europe became enamored with the colorful woodblock prints from Japan which, discarded from the print facilities, were used to wrap fragile exports. French artists such as Toulouse Lautrec and Mary Cassatt incorporated the bold and suggestive techniques into their works, inspiring the public to reconsider the French quotidian, from the rambunctious nightlife of the dance-halls to the labours of motherhood. In its second life, the refuse of artistic practice inspired a cross-pollination of styles, fostering new ideas. This edition of KIOSK PAPER follows a similar logic. Serving the dual function of packing paper and reading material, there are several routes by which it might be discovered. Whether it's wrapped around an object, rescued from the wastebasket, or hung on a wall, we hope it encourages you to regard your surroundings more inquisitively. Allow chance to govern your senses from time to time. The objects around us have stories to tell, it's time to have a listen! / ML

Slavs and Tatars is a collective that examines and reinterprets ideas emanating from the forgotten narratives with the hopes of gleaning new forms of truth. Here, they reflect upo templating the important role of craft and folklore in recent political movements.

Friendship of Nations
"Shi'ite Showbiz"

by Slavs & Tatars

JTIFUL PLACE. WE FEEL THE MORE PEOPLE

*ISSUE 1 * ISSUE 1 * ISSUE 1 * ISSUE 1 *

Brooklyn

布鲁克林区

al region of Eurasia – an area they define as everything from   the Berlin Wall and west
eir latest works, Friendship of Nations: "Shi'ite Showbiz", c   ed in 2009 for the Sharjah B

For our *Friendship of Nations: Polish Shi'ite Showbiz*, we studied, adopted, revised and employed several of such instances—from *pajaks* to mirror mosaics and banners—where craft or folklore, as true antimodern traditions, look backward in order to move forward more effectively, in some cases going so far as to offer a revolutionary potential.

or "
Secur
In 200
presi
case
movem
intel
of ci

BROOKLYN
FARMACY
FRESH.FRIENDLY.LOCAL
& SODA FOUNTAIN
SODA FOUNTAIN • ARTISANAL GROCERY • PRIVATE PARTIES
Serving up the tastiest Egg Creams in Brooklyn!

BROOKLYN

135

Brooklyn 布鲁克林区

悠闲的生活空间！年轻人、艺术家的最爱

　　布鲁克林，纽约市五大行政区之一，是纽约客逃离忙碌拥挤的都市生活与热闹哄哄曼哈顿的避风港，是新一代的年轻人、艺术家、厌倦忙碌、想要放松呼吸的新选择；适合组织家庭的房子、让宠物们奔跑的空间，甚至是让家里的小朋友充分地活蹦乱跳的空间，这里是一个放慢生活步调的空间。

　　只需要从曼哈顿搭乘火车两三站，就可以到达布鲁克林，就算一天要来回个两三趟都非常轻松方便，所需的交通时间一点都不多。我觉得在布鲁克林区内的交通所花的时间还比较多呢。

　　布鲁克林的魅力在于，越认识它就越发现更多吸引人的地方，这里给人一种独特的感觉，有自己的特色，不随波逐流，但又能自立坚强而成为别人追随的对象；非常重视知识传承的活动，更是艺术家们的聚集地，包括手工艺术、美食等。这里还是纽约重要的运输港口、制造出口材料的优良产地喔！

如果和通过新科技带动商业发展的其他地方相比,这里就是以认真、专注于小细节的小工厂为特色。

布鲁克林主要分成几个大区域,每一个区域都各有特色,像是布鲁克林市中心(Downtown Brooklyn),往南下来就有卡罗尔花园(Carroll Gardens)、卵石山(Cobble Hill)、波伦山(Boerum Hill)、郭瓦讷斯(Gowanus)、公园斜坡(Park Slope)等等;在市中心往北上去则有当堡(Dumbo)一直到威廉斯堡(Williamsburg)与布鲁克林绿点(Green Point)。如果想要到曼哈顿,可由市中心或威廉斯堡经过布鲁克林桥(Brooklyn Bridge)、曼哈顿桥(Manhattan Bridge)与威廉斯堡桥(Williamsburg Bridge)。但是若要从南到北,交通只有一条铁道路线,也就是G线,除此之外都要依靠出租车,然而,在布鲁克林这边要叫一台出租车,就没有像在曼哈顿那样方便了,每个街区的距离也比曼哈顿的远多了。所以,请把铁腿练好,准备到布鲁克林快乐慢活去!

要用招揽的方式叫到一辆出租车必须使上全身的力气，心里可是要默念着：忍耐啊！而且就算终于拦到一辆车也未必会载你，就算终于载你了也未必会知道路，因此，如果你自己也不知道路的话，要搭到出租车的概率可说是非常的低。另外，在布鲁克林这里有不少私家出租车，当你拦到一辆出租车后，可能会出现私家车或休旅车，玻璃窗上贴有黑色的隔热纸，突然停在你面前打开车门，如果没有十足的把握，建议不要上车比较好。最好、最省力的方式就是打电话叫车，或者如果你到一些餐厅用餐的话，也会有叫车的服务，通常是包车的方式，价格还算在合理的范围之内，而且他们也不会乱绕路喔！

亲爱的出租车 停一下嘛

STOP

Your Ass is mine!

Carroll Gardens, Cobble Hill, Boerum Hill
卡罗尔花园、卵石山、波伦山

　　这三个地区占了一大块土地，是依旧保有老旧褐石建筑的区域。近几年商店、餐厅、酒吧或咖啡厅徐徐增多，在史密斯街（Smith St.）与法庭街（Court St.）之间，从大西洋大道（Atlantic Ave.）整条路沿线下来，不用担心会饿肚子或找不到东西吃，这里沿路两旁有的是各式各样多国风味美食。

two8two

282号汉堡屋

  这是间提供我们饱食一顿午餐的酒吧与汉堡屋。有汉堡与热狗等菜单，还有酒吧让你畅饮喔！接下来提我们的重头戏，来个 two8two 招牌汉堡开胃，佐墨西哥普布拉诺辣椒（Poblano Pepper），吃起来肉汁香味四溢，可惜我不会吃辣，只能看着同桌的朋友辣得哇哇叫还一边喊好吃；而我点的是早餐汉堡（Breakfast Burger），搭配煎蛋与浓郁的奶酪，想在汉堡上加什么料都可以，老板还大力推荐来自布鲁克林当地的洛斯·帕萨诺斯（Los Paisanos）肉品专卖店，他们所提供的新鲜度可是百分百挂保证的有机肉品喔！

🏠 282 Atlantic Avenue, Brooklyn, New York NY11201（位于 Boerum Place St. 与 Smith St. 之间）

🕐 周一～周四 12:00 ~ 24:00 / 周五、周六 12:00 ~ 1:00 / 周日 12:00 ~ 23:00

Ⓜ F、G 线，Bergen St. 站 / A、C、G 线，Hoyt-Schermerhorn St. 站 / 4、5 线，Borough Hall 站

✈ www.two8twoburger.com

Paper Source
Do something creative everything

美国原创纸品艺术文具店

　　由苏·林德斯特伦（Sue Lindstrom）小姐创立的一家文具礼品店，她先在日本看到这样的店之后，开始有了开店的想法，第一家创始店位于芝加哥，随后开立分店遍布全美国，而布鲁克林只有一家分店就是在史密斯街（Smith St.）。店内空间相当大，有齐全的纸类与装饰工具，也有不少进口自各个国家的商品，连马莎·史都华[1]（Martha Steward）的东西也有卖喔！

　　除了文具以外，店内还有各式各样的生活小物，包括居家用品、厨具、饰品等等，其商品注重幽默感与设计性，让人一边悠闲地逛，偶尔会心一笑。另外，还有图书区与卡片制作区，若有个性化需求，可以请店方帮忙设计与印制，或是参考店内陈列的成品，买材料回家自己动手也可以，也能多多利用多种印刷的服务。每周都会举办小型的活动，看起来也是不容错过的喔！

🏠 102 Smith Street, Brooklyn, New York NY11201

🕐 周一~周五 10:00 ~ 19:00 / 周六 10:00 ~ 18:00 / 周日 11:00~18:00

Ⓜ F、G线，Bergen St. 站

✈ www.paper-source.com

---

[1]美国富商与著名专栏作家。致力于执导、主持电视节目《马莎生活》，以及同名杂志的出版工作。

在 Paper Source 对面还有一家礼品店 Exit9，专门卖一些逗趣奇怪的设计商品，令人捧腹大笑。如果你喜欢搞笑的商品，绝对不可错过这一家，建议先把两间逛完再做决定要买哪一家，因为有时候会有折扣，像是 Exit9 就常常做 5 折的促销喔！

- 127 Smith Street, Brooklyn, New York NY11201
- 周一~周五 11:30 ~ 19:30 / 周六 11:00 ~ 20:00 / 周日 12:00~19:00
- F、G 线，Bergen St. 站
- www.shopexit9.com

Flight 001

与 Flight one 一起飞行

　　我在这一班航空度过愉悦的时光，一来我是个喜欢买小东西的人，二来我是喜欢旅行的人，三来我喜欢分门别类收纳东西，四来我非常喜欢整理行李箱，然后还有很多五、六、七……讲不完的理由，所以当我走进了这一家 Flight One，失去理智到希望航班不要太快到达目的地。

　　这家店的启航点源自于约翰•森西恩(John Sencion)与布拉德•约翰(Brad John)。老板表示要搭飞机前常常会遇到各式各样的问题，问题一多找不到人帮忙解决时，就只好靠自己了，于是就开了这一间贩卖与旅行相关的设计商店。从准备出发开始，到在飞机上、车子上或船上，甚至已经到达目的地了，所有你觉得会用得到的东西都卖喔！

　　店里除了贩卖 Flight One 的原创商品，也有精选来自众多旅行品牌的商品，我喜欢用来分类收纳小东西的整理包，整齐又不占空间，而且还可以保护行李箱内的物品，以减低航空公司的暴力伤害；还有用来喷在脸上的矿泉喷雾，让你搭乘长时间的航班后脸部依旧保持光彩照人，看起来像是刚刚逛街回来般的亮丽。

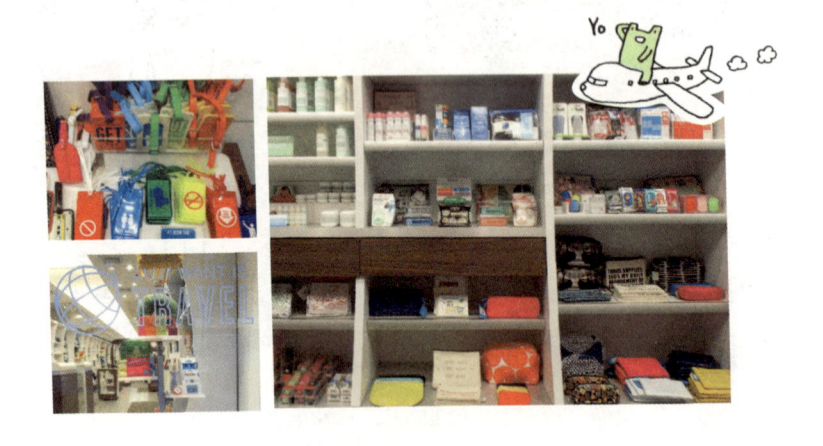

　　每年四月到十二月，卡罗尔花园的卡罗尔公园（Carroll Park）每个星期都会举办绿色市集（Greenmarket），有很多农民聚集在这里摆摊，贩卖有机蔬菜水果喔！

Acorn

孩子的世界不只需要粉红色而已

　　Acorn 是一间小小的玩具店，我们在前往霍伊特－谢默霍恩街（Hoyt-Schermerhon St.）的路上发现了它。店里贩卖的是对孩童发展有益、增加妈妈们愉悦心情的玩具，后面是我自己加的，因为从店内陈列的商品观察，可爱程度一定都能掳获妈妈们的芳心。

　　主要提供天然材料的玩具与服饰，视觉上看起来舒适的浅色玩偶、木制玩偶兵团也好可爱，光荣从小孩的玩具身份退役之后，也可以用来装饰居家环境呢！

323 Atlantic Avenue, Brooklyn, New York NY11201

周一~周三 11:00 ~ 18:00 / 周四、周六 11:00 ~ 19:00 / 周日 12:00~18:00

A、C、G线，Hoyt-Schemerhon St. 站 / 2、3线，Hoyt St. 站 / F线，Bergen St. 站

www.acorntoyshop.com

在大西洋大道上，位于 Hoyt-Schemerhon St. 与邦德街（Bond St.）之间有很多间可爱的小店喔！值得注意的有服饰店与饰品店，像是来自纽约的 Steven Alan，走的是有点轻便、有点气质娇柔、有点中性又不会太甜腻腻的女性服饰风格，店里还有来自其他设计师的服装喔！

过来一点则是 Cloak & Dagger，这家服饰店除了有自家品牌的衣服，也有贩卖其他品牌的服饰，像是 Karen Walker 或造型眼镜，也别有一番复古的感觉。

Steven Alan

349 Atlantic Avenue, Brooklyn, New York NY11217
www.stevenalan.com

Cloak & Dagger

77B Hoyt Street, brooklyn, New York NY11201
www.cloakanddaggernyc.com

Brooklyn Farmacy & Soda Fountain

调味餐点,秀的轻食店

　　我超爱这家店的，店名取自于 20 年代就营业的药房，光看店名我就已经超有感觉了。店内依然保存着药房的外观，有药柜、测量重量与长度的工具等，后来增加的吧台则更是别有一番味道。这里属于家庭式餐馆，但是我觉得如果选在这里约会的话，一定是一场让人难以忘怀的约会。因为我们去的那一天刚好有人在这里举办生日会，到处都是四五岁小孩，老板还提供生日帽给大家，让我也好想偷偷混进去参加他们的生日会啊！

　　Brooklyn Farmacy & Soda Fountain 提供的大多是轻食，像三

明治、热狗、烘焙点心与冰淇淋等。店名 Soda Fountain 则是来自老板彼得·弗里曼（Peter Freeman）的成长故事，我很喜欢他们创业背后的故事，彼得先生曾经提到"大家都说像他这样活泼的小孩，长大后不是当小学老师就是当餐厅老板"，不知道是真是假，但可以确定的是彼得先生真的当餐厅老板了。他做的第一份工作是专门调配苏打饮料的服务员苏达·杰尔克（Soda Jerk），在 Soda Fountain 工作时，因为调配苏打饮料的花哨大受好评，结果声名大噪被请去上当年的好几个电视节目，后来才开自己的餐厅。因此，来到这家店可别忘了点 Soda Fountain 的招牌饮料，他会让你随便点基底饮料，然后加入冰淇淋一起手摇，他们的三明治也是必点菜单，建议坐吧台的位置，一边享受气氛，一边看着服务员摇饮料与调味餐点秀。店家很贴心，吧台的椅子还可以调整高度，让小朋友可以轻松坐着用餐。

店内装潢从天花板到地板都很美喔！不管转头到哪里，相机都是拍个不停啊！到店里用餐的小朋友增添了不少朝气。店前面则有精挑细选的材料与纪念品，而店门口外面的椅子上，也都一直有人坐着排队等呢！

🏠 513 Henry Street, Brooklyn, New York 11231（位于 Sackett St. 与 Union St. 之间）

🕐 每日 11:00 ~ 23:00

Ⓜ F、G 线，Carroll St. 站

🔗 www.brooklynfarmacy.blogspot.com

JERK

CPR KIT

by the
ED VELVET

TIPS

AMERICAN
SCALE
MFG. CO.
WASHINGTON
D.C.

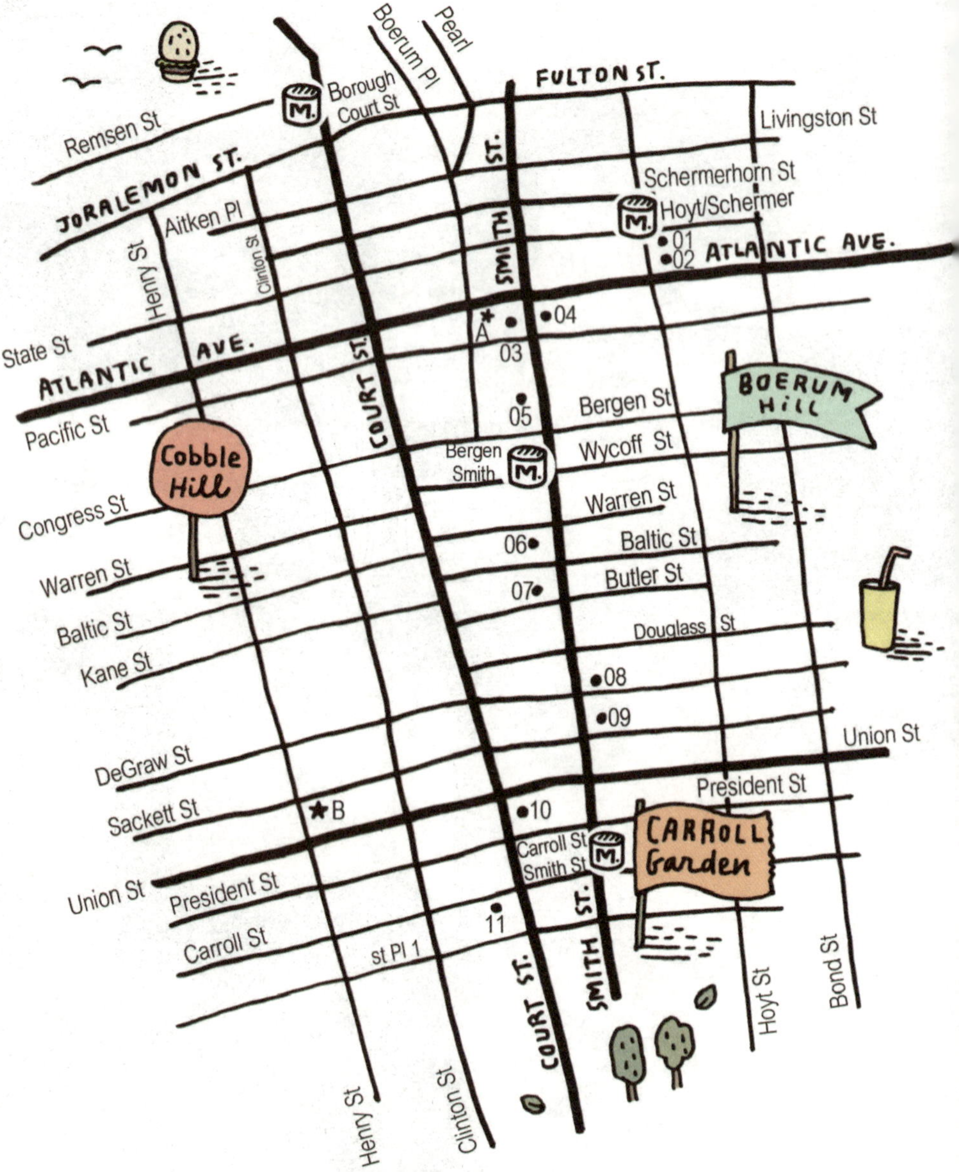

FULTON ST.
Boerum Pl
Pearl
Borough Court St
Remsen St
Livingston St
JORALEMON ST.
Schermerhorn St
Hoyt/Schermer
Aitken Pl
Clinton St
Henry St
SMITH ST.
01
02
ATLANTIC AVE.
State St
04
A
03
COURT ST.
BOERUM HILL
05
Bergen St
Pacific St
Bergen Smith
Wycoff St
Cobble Hill
Warren St
Congress St
Baltic St
06
Butler St
07
Douglass St
Kane St
08
09
Union St
DeGraw St
President St
Sackett St
B
10
CARROLL Garden
Carroll St Smith St
Carroll St
11
st Pl 1
Hoyt St
Bond St
Clinton St
Henry St

MAP

● 地标、商店、市场、百货公司、饭店、公园、娱乐地点
★ 餐厅、咖啡厅
■ 博物馆、艺廊
Ⓜ 地铁

- ●01– Cloak & Dagger
- ●02– Steven Alan
- ●03– paper source
- ●04– Exit9
- ●05– Flight 001
- ●06– Char #4
- ●07– Clover Verde
- ●08– Provence
- ●09– Chestnut Savoia
- ●10– Marco Polo Monteleone
- ●11– Carroll Gardens

- ★ A – two8two
- ★ B – Brooklyn Farmacy & Soda Fountain

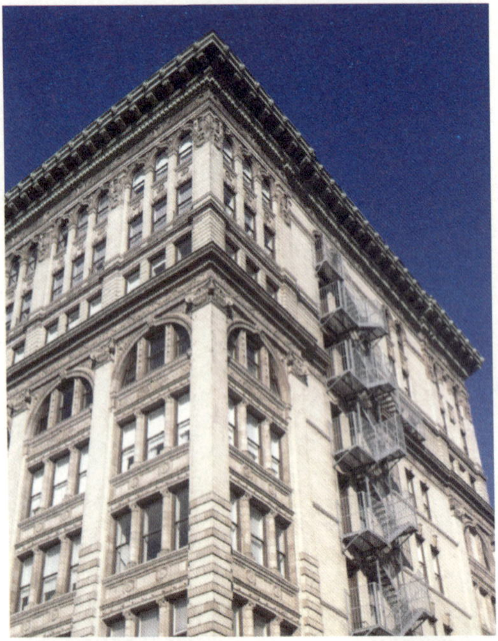

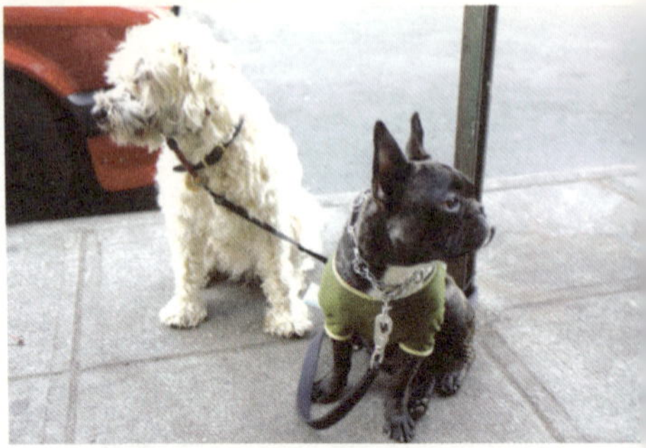

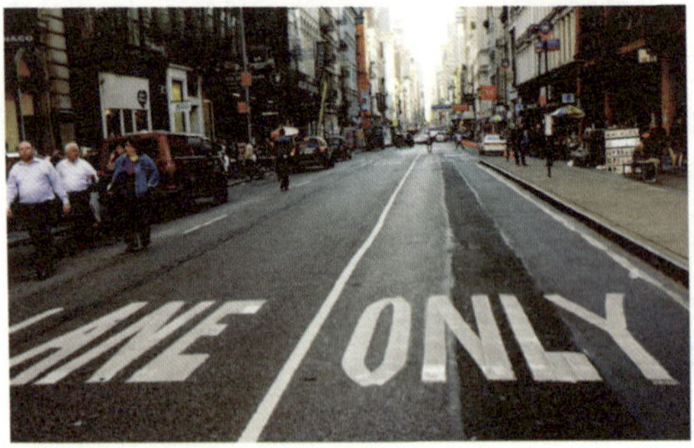
ONLY

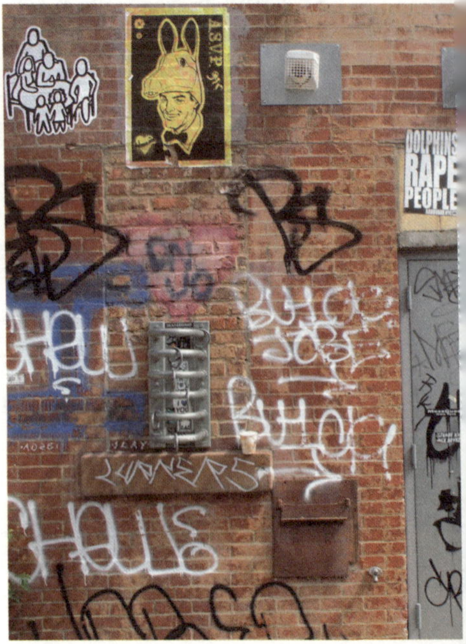
ASVP
DOLPHINS
RAPE
PEOPLE

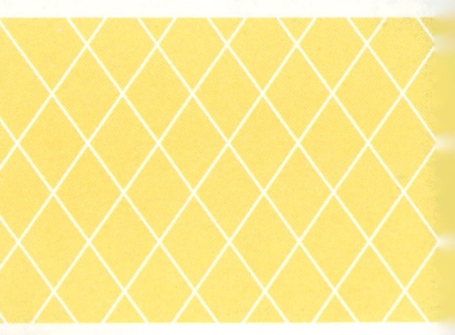

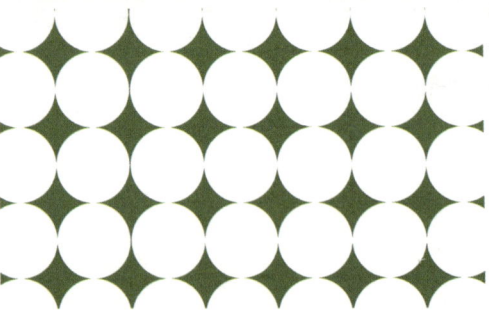

Gowanus 郭瓦讷斯

公园斜坡、小店铺与餐馆,享受温柔时光

郭瓦讷斯位于公园斜坡与卡罗尔花园中间,这个地带比起旁边这两个号称布鲁克林最豪华的地区,给人一种相当独特的感觉。这一带到处都是工厂、仓库与停车场,虽然曾经受到投资者与工业发展者的欢迎,纷纷在河畔建盖住宅豪华大楼,甚至是大型的公寓。

一直到郭瓦讷斯河被选为 Superfund[1] 计划的评估对象,才为郭瓦讷斯地区带来了新的契机。这项计划将整治充满垃圾与毒物的地区,而郭瓦讷斯河早就是一条累积了很多废弃物的臭河,因此,在这个计划提出整治行动之后,原预定要盖得比附近大楼豪华两倍的建筑计划也都纷纷停摆,变成开放给艺术家与小型企业进驻的地方,接着摄影棚、工作室、舞厅、酒吧与咖啡厅纷纷开设。艺术家的聚集促使了当地举办各种活动,过去曾经有机会出现价值数亿美元的公寓大厦,变成聚集了非营利的团体坚强地,这也是郭瓦讷斯备受瞩目的原因之一。

---

[1] 美国环保署土壤与地下水污染评估暨环境影响评定。

郭瓦讷斯曾经在发展期建盖的大楼，慢慢被遗忘、被废弃，因此出现了修缮的计划，提供各方面的艺术创作者来利用，像郭瓦讷斯工作室（Gowanus Studio Space）与旧时美国工厂（Old American Factory）这两个地方也很值得注意喔！

Gowanus Studio Space是一个非营利事业的单位，提供将艺术家作品做进一步发展的媒介，而且支持新形态的事业作为艺术家们的伸展舞台。像是提供展示空间给艺术家使用，经常举办各种活动与大众交流，为艺术家的作品激发更多的可能，还提供能够制作创意的各种工具；或者是Old American Factory的小型工作室，开放给艺术家租借使用，支持各类型艺术家的大小活动，这个地区是一块充满艺术灵魂之地。

Lotta Jansdotter

瑞典风格！生活就是一场旅行

  Work+Shop 是我最想造访的店家之一，从地图上来看并不会很远，离市区有点距离但也离地铁不远，但是那一天我们还是搭出租车去了。当车一停在店前面，就马上看到休息的挂牌，世上怎么会有这么悲惨的事情啊！官方网站公布星期六是营业日，结果来了却是休息日，怎么这么巧啊！

  即使如此还是想介绍一下，说不定有人也对洛塔·简丝多特（Lotta Jansdotter）小姐有兴趣，相信女孩们一定会喜欢 Lotta Jansdotter 小姐的作品，因为她设计的东西经常出现在各大居家饰品百货或设计商店，她设计出具有特色风格的图案创作，散发出她的家乡斯堪地纳维亚的魅力。来自瑞典与芬兰之间的奥兰群岛的这位女性设计师，通过她的设计作品、多本 DIY 书籍、图案创作与她亲手缝制的儿童服饰清楚展现她的设计魅力，让我想颁发独特风格的马莎·史都华奖给 Lotta Jansdotter。在 Work+Shop 这里除了是她的工作室，有贩卖商品之外，还会时不时举办小活动喔！

🏠 131 8th Street, Brooklyn, New York NY11215（位于 2nd Ave. 与 3rd Ave. 之间）

🕐 周一~周四 11:00 ~ 14:30 / 周六 12:00 ~ 16:00

Ⓜ F、G、R 线，4th Ave. 站 –9th St. 站

✈ www.jansdotter.com

布鲁克林南方还有红钩（Red Hook）这块小地方与上纽约湾（Upper New York Bay）连在一起，这里有一家斯坦普顿（Stumptown）咖啡店，他们的烘焙咖啡豆在布鲁克林很受欢迎，在很多咖啡吧都是使用 Stumptown 的咖啡豆喔！从俄勒冈州的波特兰直接送达，提供丰富品种且精心栽培的咖啡豆。Stumptown 的另一家分店在曼哈顿的 ACE Hotel（见 107 页）。这一带另一个著名的景点就是宜家（IKEA），还提供私人码头迎接搭船来的客人呢！

距离这里最近的地铁站是史密斯街站（Smith St. 站）与 9 街（9th St.）站，是 G 线的最后一站，出来之后走一段路就可以到达 Red Hook 喔！

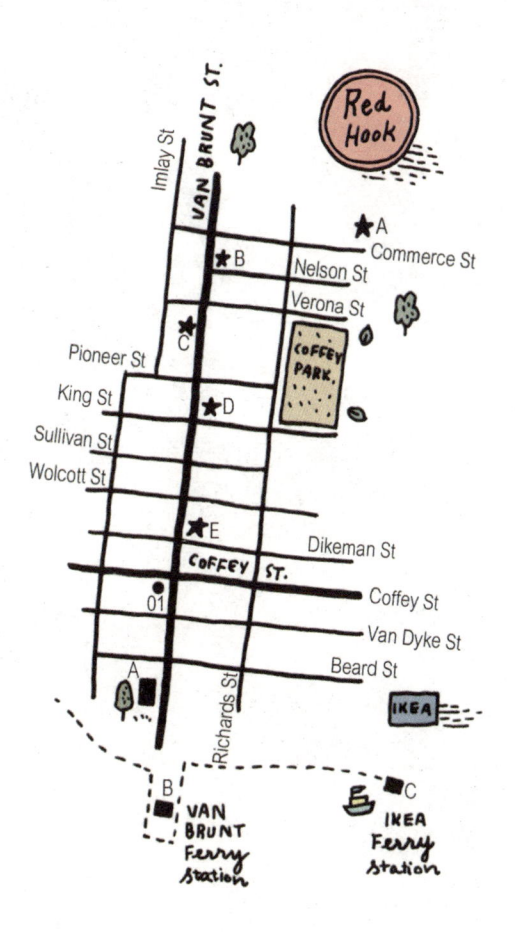

MAP

● 地标、商店、市场、百货公司、饭店、公园、娱乐地点
★ 餐厅、咖啡厅
■ 博物馆、艺廊
▣ 地铁

● 01 – Red Hook Garden Center

★ A – Defonte's
★ B – Stumptown
★ C – Lobster Pound
★ D – Home Made
★ E – Baked

■ A – Chelsea Garden center
■ B – Van Brunt Ferry Station
■ C – Ikea Ferry Station

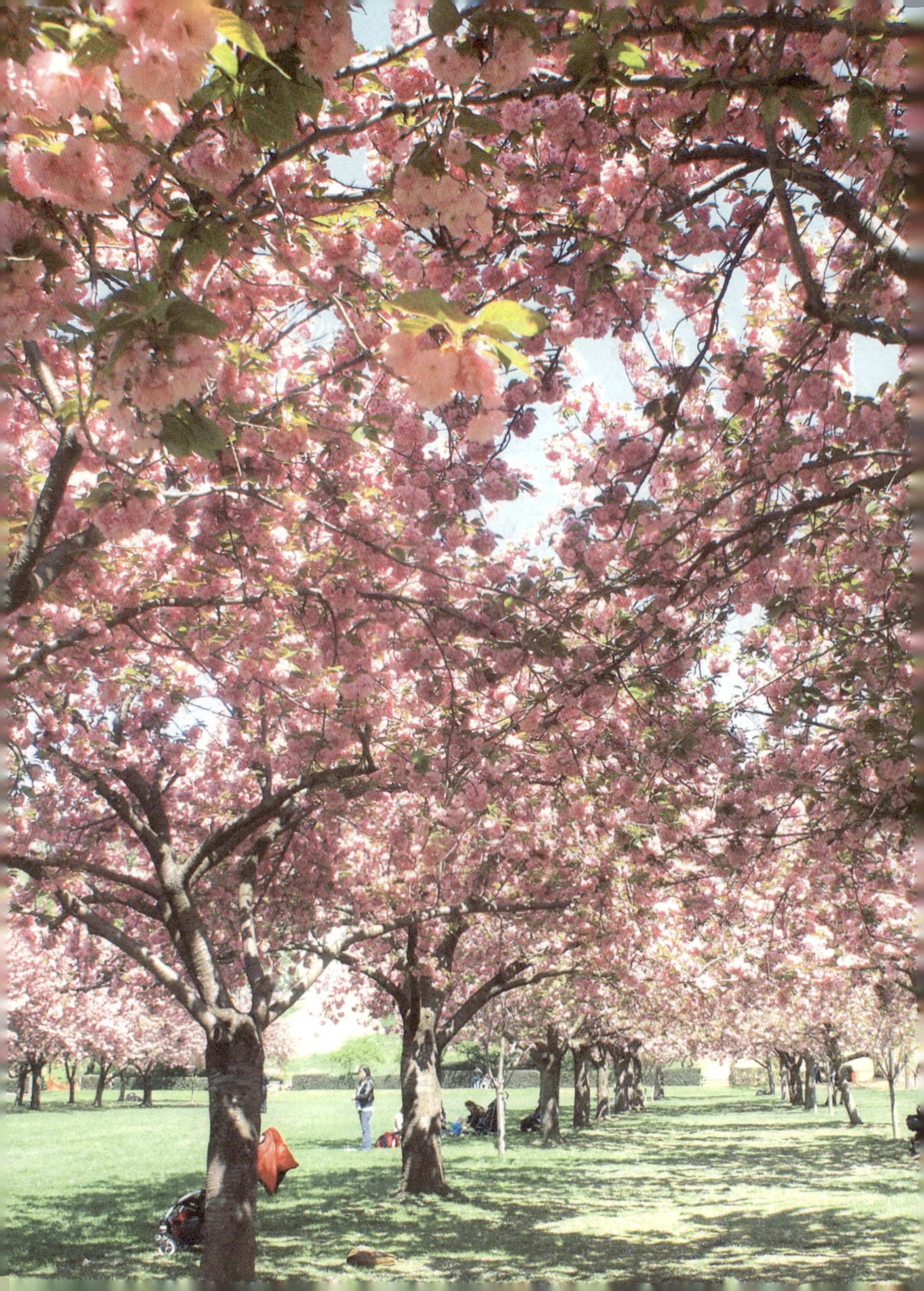

Park Slope

布鲁克公园斜坡

散步吧！享受温柔的悠闲时光！

公园斜坡是布鲁克林的一个地区，沿着街道两旁随处都可以见到旧时代的褐石建筑住宅；有大型的公园，长久以来负责提供布鲁克林居民们新鲜的空气；在第五大道与第七大道整条街都是小型的店铺与餐馆，让你随意坐着休息享受美食。

Prospect Park / Brooklyn Botanic Garden
在展望公园悠闲野餐，来个露天赏花大会

　　展望公园是位于布鲁克林的超大型公园，景观宜人，和曼哈顿中央公园的气氛不太一样，虽然都是出自同一组景观设计师之手，但是展望公园这里周围没有高楼大厦围绕着，因此给人一种广阔园地的印象。因应不同的季节，有各种活动在这里轮流举办。每个星期六早上，布鲁克林区民会带家里的宠物狗儿来散步，早上九点前都可以自由自在地散步奔跑；若来晚了但还是想看看狗儿们的话，可以到绿色市集的大军团广场（Grand Army Plaza），就在入口圆环的地方。这里有新鲜出炉的烘焙面包，也有农场直接送达的牛奶、绿色新鲜的大白菜、让你带回家种植的小盆栽。你可以在星期六来展望公园吃早餐，不仅是食材非常新鲜，连气氛也因为从花卉农场送来的熏衣草的香味而浪漫了起来，再加上狗儿们与人们嬉闹的笑容，简直就是活力满分。

　　由于展望公园的占地非常大，这里面就包含了好几个景点，包括了动物园，以及布鲁克林植物园（Brooklyn Botanic Garden），种植多达一万多种的植物喔！时不时可以看见小学生来校外教学，一起学习照顾植物，非常可爱呢！每一棵树都有标示数据，告诉我们这些树的相关知识，还将植物做分类、分区。有英式花园风格的莎士比亚花园（The Shakespeare Garden），或是艾丽斯芬芳花园（The Alice Recknagel Ireys Fragrance Garden）有专为视觉障碍者设计的道路，可以坐在轮椅上浏览整座花园，还有专人讲解如何分辨每一种花的香味。而这里最吸引人的地方莫过于一整列的樱花树，每年到了四月就会开满一整片的粉红花瓣，在樱花树下来个露天赏花大会！

221

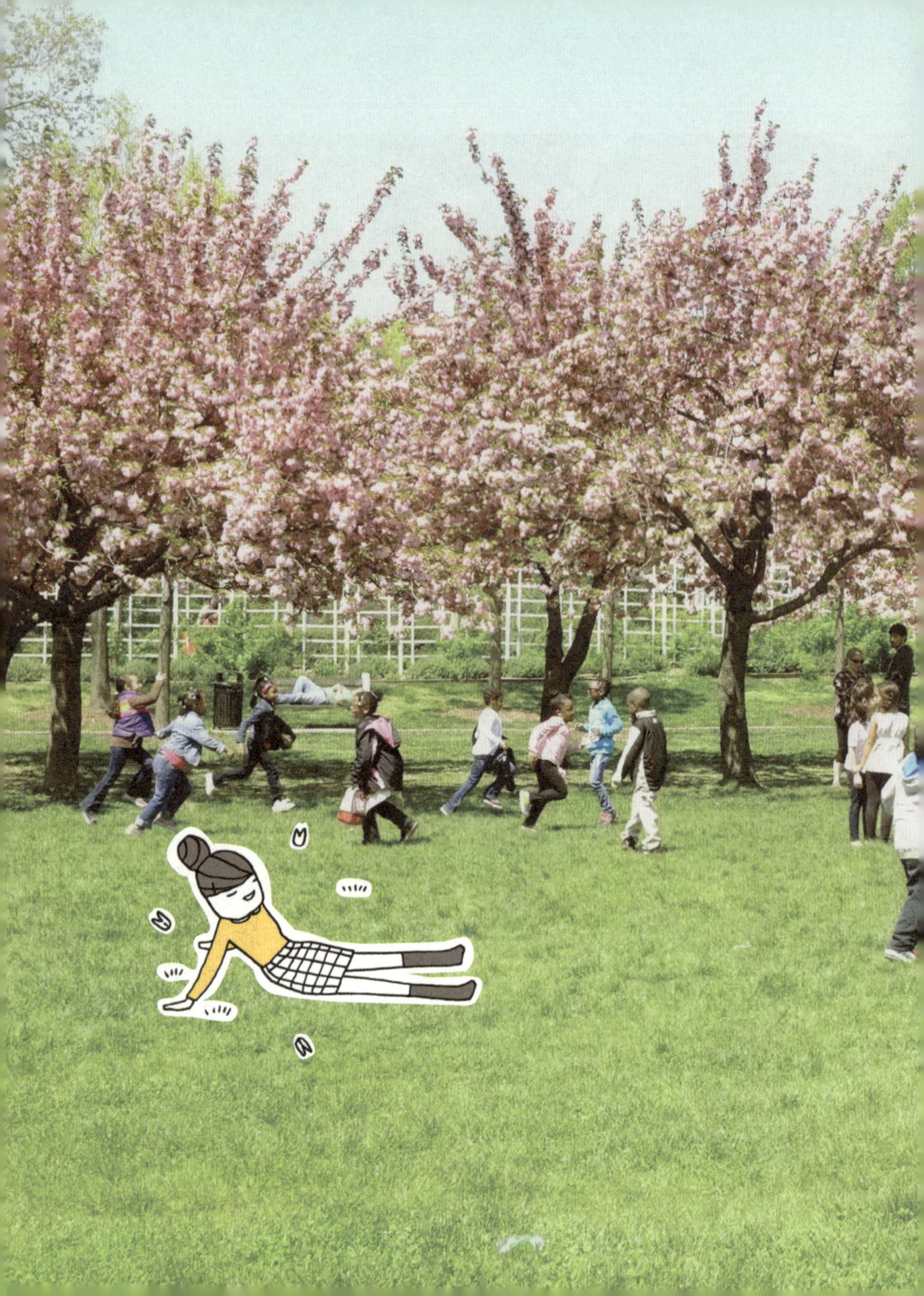

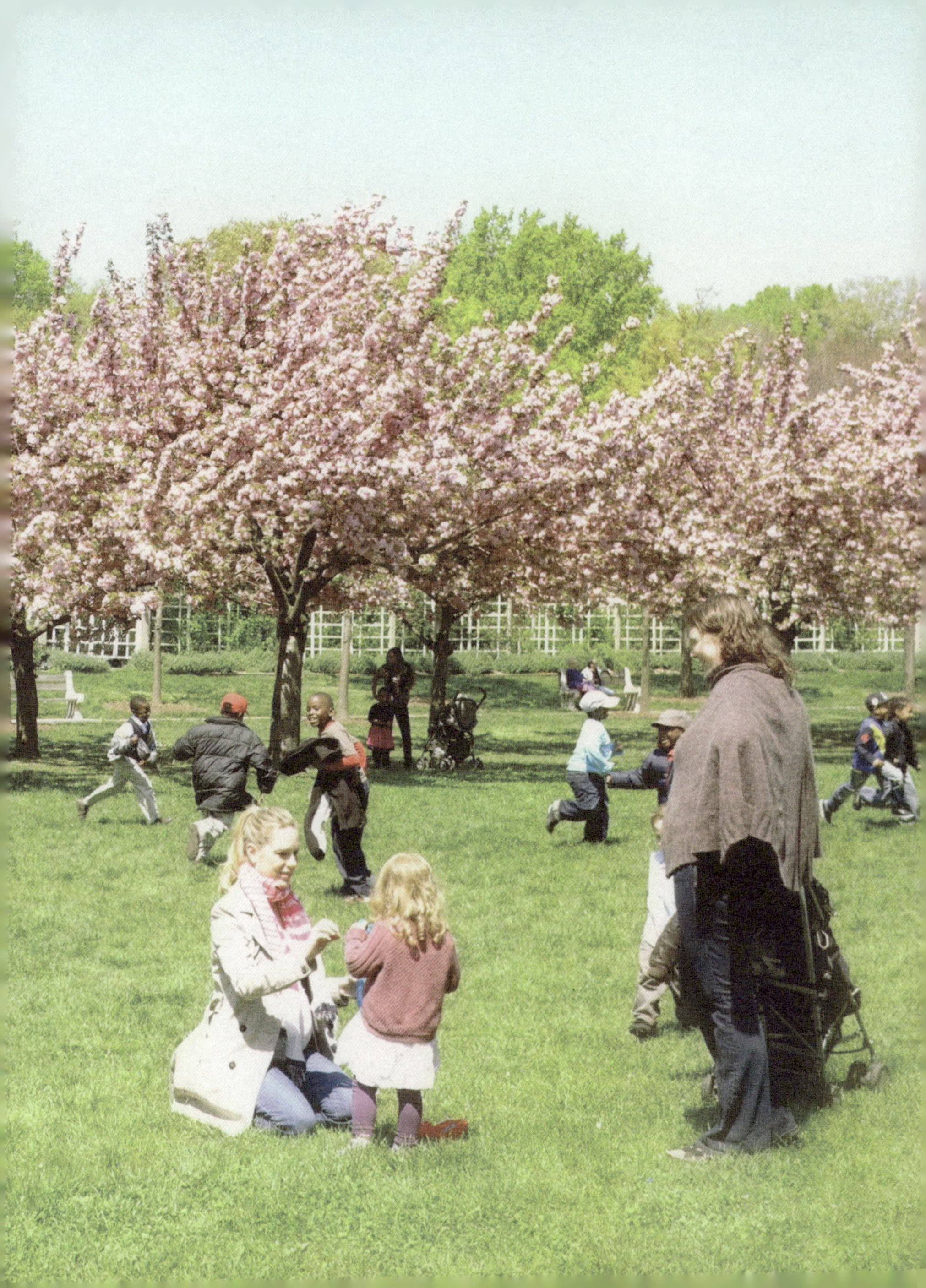

Prospect Park 展望公园

🏠 95 Prospect Park West, Brooklyn, New York NY11215

🕐 每日 5:00 ~ 凌晨 1:00

Ⓜ F、G 线，7th Ave. 站 / 2、3 线，Grand Army Plaza 站

✈ www.prospectpark.org

Brooklyn Botanic Garden 布鲁克林植物园

🏠 1000 Washington Avenue（Sullivan Place），Brooklyn, New York NY11225

🕐 周二 ~ 周五 8:00 ~ 18:00 / 周六、周日 10:00 ~ 18:00 / 周一休园

Ⓜ 2-3、4-5 线，Eastern Parkway 站 / 2、3、4、5 线，Brooklyn Museum 站

✈ www.bbg.org

MAP

- 地标、商店、市场、百货公司、饭店、公园、娱乐地点
- ★ 餐厅、咖啡厅
- ▪ 博物馆、艺廊
- Ⓜ 地铁

225

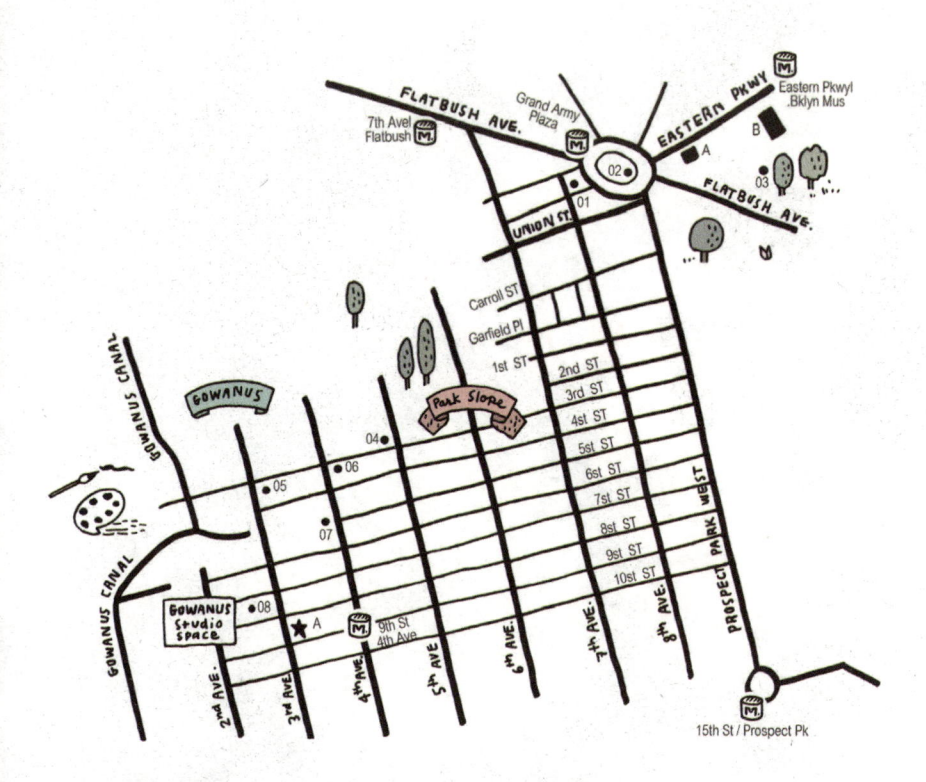

- •01– Grand Army Plaza
- •02– Arch
- •03– Brooklyn Botanic Garden
- •04– Stone Park
- •05– Old American Can Factory
- •06– JJ Byrne Park

- •07– Le Bleu
- •08– 131 Work Shop

★A– Bar tano

- ■A– Brooklyn Public Library
- ■B– Brooklyn Museum of Art

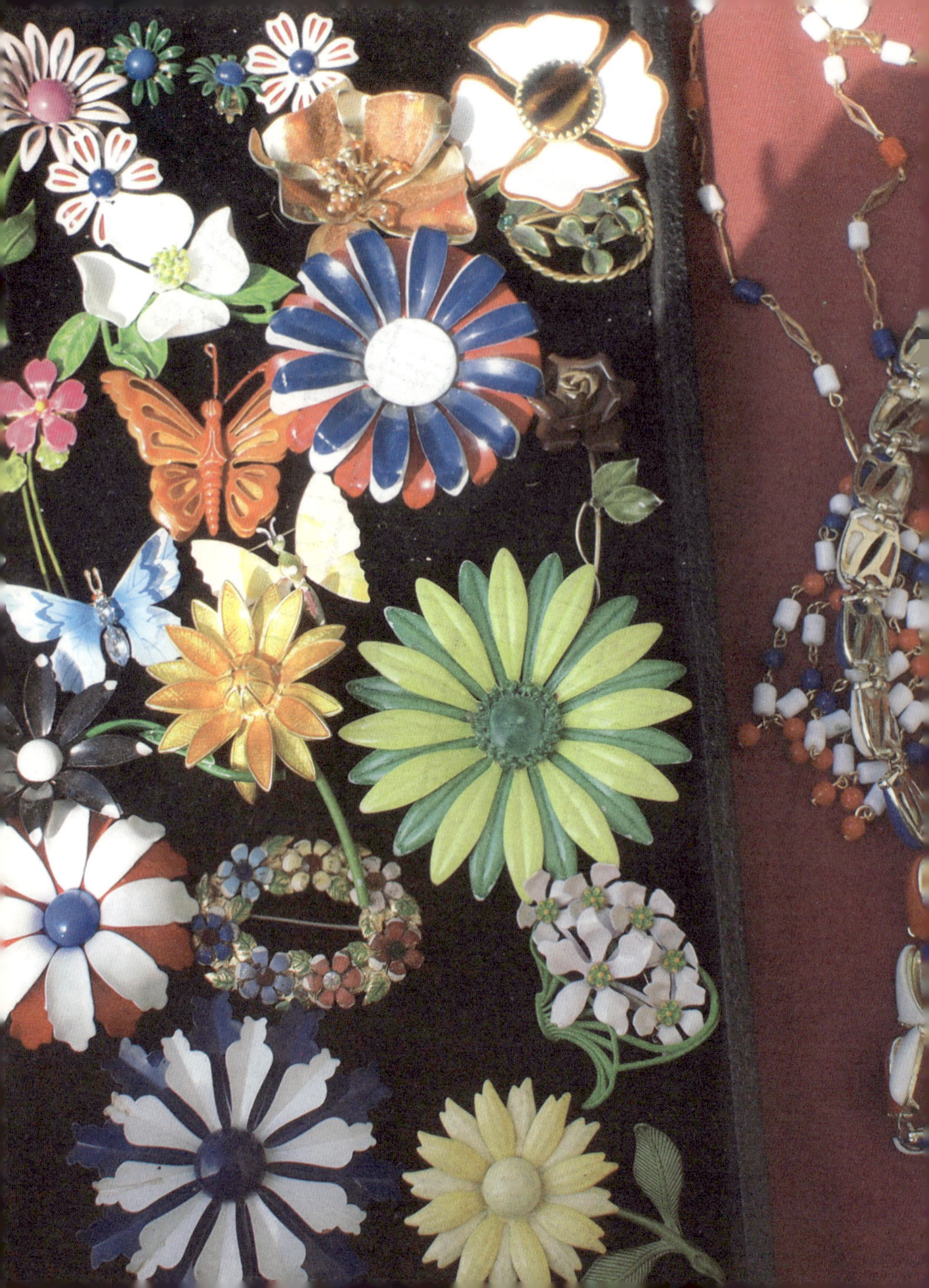

Brooklyn Flea Market

自由自在好好逛！布鲁克林跳蚤市场

　　布鲁克林有好几个地方都有户外市集，无论是小型跳蚤市场、大型户外市集、蔬果市集或有机食材市集，还包括布鲁克林跳蚤市场。集结了各式市集的一个户外市集，复古风服饰、锅碗瓢盆或是居家饰品，甚至是大型的家具橱柜，都可以在这里找得到。想边走边吃，这里也有现点现做的摊位区，用的都是精选的食材，好几家店都是名店，而且在这里仅此一间、别无分店，让你挑自己喜欢的又能大饱口福，可以说是纽约最惬意的市集之一。

　　布鲁克林跳蚤市场一开始是在格林堡（Fort Greene）一周举办一次，并没有固定的地方，一直到乔纳森・巴特勒（Jonathan Butler, Brownstoner.com 网站成立者）与埃里克・登比（Eric Demby, 曾担任布鲁克林区区长马蒂・马科维茨的公共关系总监）联手造就了今天这样的跳蚤市场，结果得到地方农场主人的欢迎与支持，复古风服饰业者也纷纷推出自家最好的产品。

这个户外市集只在四月到十一月之间举办，星期六是在Fort Greene的户外场地，而星期天则搬到威廉斯堡（Williamsburg）。到了冬天天气渐冷，因担心在户外大家会受不了寒冷，于是改到Skylight One Hudson的室内市集，哪一天来到纽约，别忘了到布鲁克林跳蚤市集来走一走喔！

🏠 176 Lafayette Aveune（Clermont 与 Vanderbilt Ave.）

🕙 周日 10:00 ~ 17:00

Ⓜ G线，Clinton-Washington Ave. 站

➤ www.brooklynflea.com

229

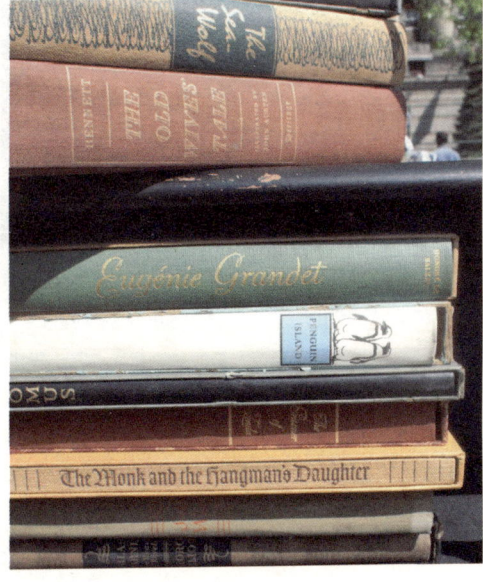

WARNING!
ATTACHMENT OF ANY SORT TO THIS
BRIDGE STRUCTURE SHALL NOT BE ALLOWED
WITHOUT WRITTEN APPROVAL FROM
THE DIVISION OF BRIDGES
NYC DEPARTMENT OF TRANSPORTATION
CYCLISTS
TO

Dumbo 当堡

从布鲁克林桥看帝国大厦，远远地跟自由女神像打个招呼

当堡（DUMBO）位于布鲁克林市区的北方，往东河（East River）的方向，在布鲁克林桥（Brooklyn Bridge）入口附近。以前这一带是工业区域，从 20 世纪 80 年代开始，很多地方都盖成仓库与工业工厂，直至今天都摇身变成了大厦与豪宅了，而仓库与工厂都变身成为艺廊。这一带的建筑物都独具风格，除了有布鲁克林风格的红褐石建筑，还加入了比利时风格的大楼，以及 DUMBO 内围绕这个地带的景观桥。

Brooklyn Bridge 布鲁克林桥

跟自由女神像打个招呼吧

　　布鲁克林桥应该是我们一提到纽约就最先想到的画面之一，甚至是电影热门取景点之一，无论是爱情片、艺术片或科幻片、炸掉城市大桥的经典场面都可以看得到这座桥的身影。

　　布鲁克林桥是美国最古老的桥，而且也曾经是全世界最长的吊桥，于1883年完工。走在木板搭成的桥面，分成六个线道，两线是人行道，两线是自行车道与歌特式造型拱门，沿路都可以拍照留念。还可以从这里看到帝国大厦，以及远远地跟自由女神像打个招呼呢！桥的两端连接布鲁克林与曼哈顿，两边都可以上桥。

🏠 334 Furman Street, Brooklyn, New York NY11201
Ⓜ C线，High St. 站 / 2、3线，Clark St. 站 / F线，York St. 站
✈ www.brooklynbridgepark.org

Jane's carousel
繁华时代的旋转木马

在布鲁克林桥公园里的河边，可以看见耀眼玻璃屋内的旋转木马，我认为这是一座受到悉心照顾的旋转木马，不用像户外的旋转木马那样吹风淋雨、晒太阳，而且还有专属的玻璃屋可以住。这一座旋转木马的名字是根据持有人简·沃伦塔（Jane Walentas）的名字而来的，她从俄亥俄州的伊朵拉公园（Idora Park）游乐园购买这一座旋转木马，可以追溯到1922年，拥有相当久远的历史，当年可是旋转木马最繁华的年代呢！

自从 Idora Park 游乐园发生火灾后，他们就将园内的游乐器材变卖，而 Jane Walentas 与她的丈夫将它买下，维修完成后再次赋予木马生命力，开放给小朋友制造欢乐。

🏠 56 Water Street, Brooklyn, New York NY11201
🕐 每日 11:00 ~ 18:00 / 星期二公休
Ⓜ C 线， High St. 站 / 2、3 线，Clark St. 站 / F 线，York St. 站
➤ www.Janescarousel.com

是我
上流马……

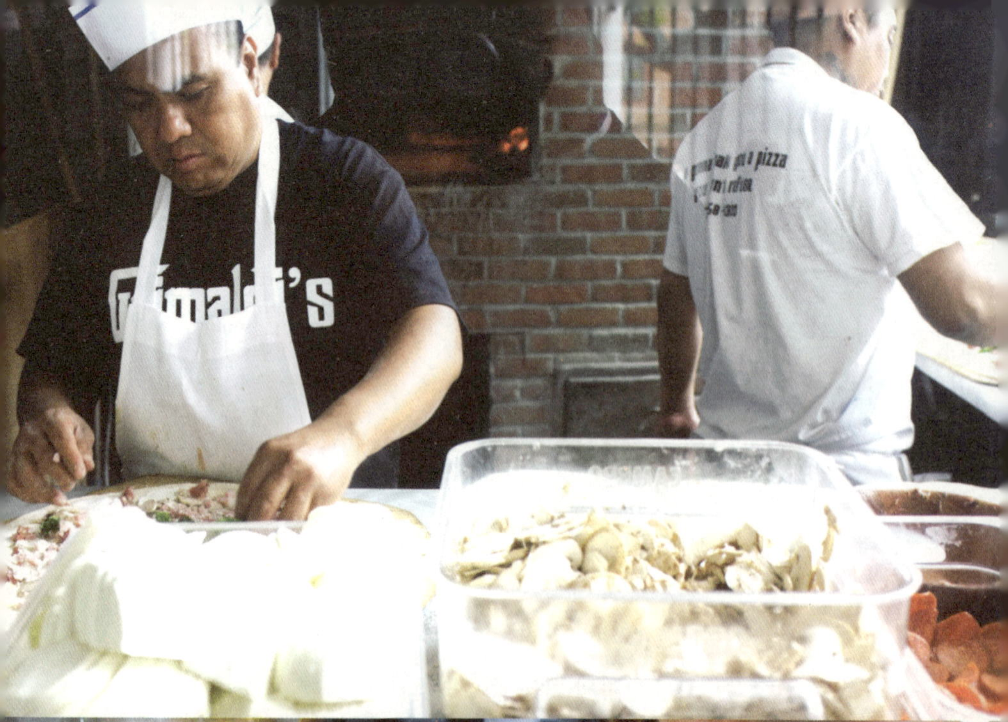

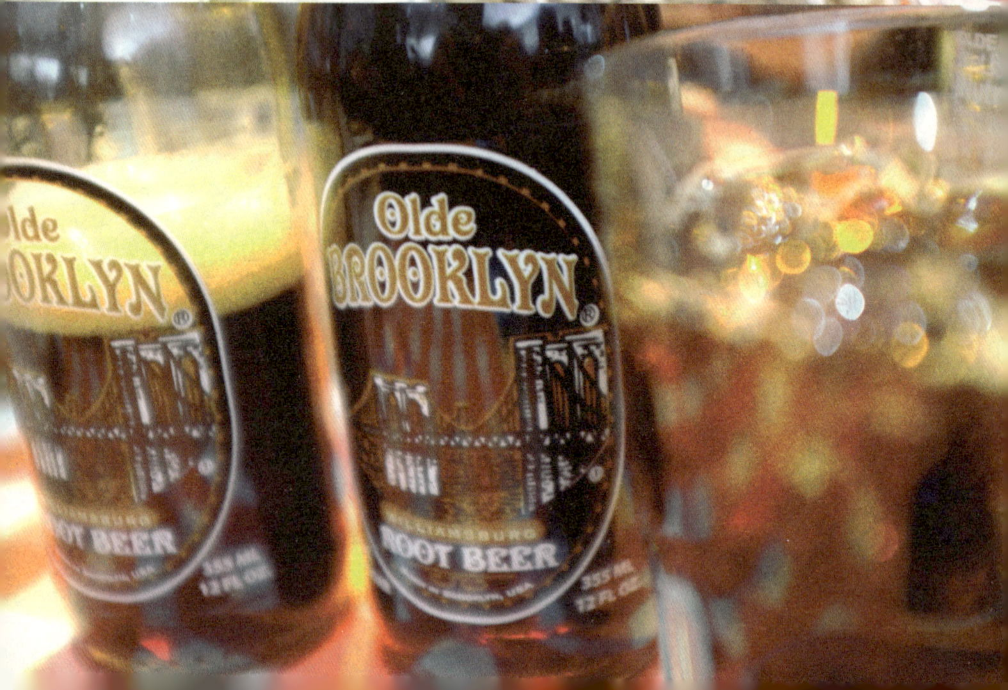
Olde
BROOKLYN
ROOT BEER

Grimaldi's

薄脆口感、比脸还大的炭烤比萨

我之所以会爱布鲁克林的一个理由,就是有很多保证不会让你失望的美味餐厅,每一家都是传承数百年的好味道、保留祖传秘方的原汁原味,甚至是选用优良食材,让我大排长龙也甘愿。

Grimaldi's 是一家炭烧比萨店,都是采用现点现做的方式,我们等位时边看边流口水,一大片比萨端上桌,分成一片片后还是比脸大,好吃到一个人吃掉一整盘都没有问题。比萨饼皮薄而脆,阵阵的炭烧香味扑鼻而来,比萨的馅料则可任意搭配。店里还提供奥尔德·布鲁克林(Olde Brooklyn)牌的麦根沙士,和放在红色格纹桌布上的比萨搭配着一起吃,气氛非常的好。若不想排队太久,建议在开始营业前的 11:30 就先去,特别是周末,最好要中午前就到,这样就不会排队等太久而口水流满地。

🏠 B1 Front Street, Brooklyn, New York NY11201(Brooklyn Bridge)
🕐 周一~周四 11:30 ~ 22:45 / 周五 11:30 ~ 23:45 / 周六 12:00~23:45 / 周日 12:00 ~ 22:45
Ⓜ A、C 线,High St. 站 / 2、3 线,Henry 站、Clark St. 站
✈ www.grimaldis.com

Pomme

想回去当小孩子

"Haircuts with Nancy this Sunday."（南希这个星期日理发。）写在店门口黑板上这样的一句话，勾起了我的好奇心。这家儿童服饰店居然有驻店的发型师，而且还是店门口主打的广告，看来要进去瞧一瞧探个究竟了。

Pomme 的世界创造出婴幼儿童的精品服饰，从还没足岁就开始培养小孩的衣着品味了，老板精挑细选各个品牌的服装与饰品，以及幼儿房间的精巧可爱装饰品，让人看了就好像回到孩童时代一样。在店内逛了一下，放眼望去还没看到理发椅，回家之后上官方网站去看，才知道他们只有一家店面设有剪发区，就在 Dumbo。除了有儿童理发部，而且还用可爱微笑的猫熊椅子吸引小孩乖乖坐着剪头发，南希(Nancy)小姐也有提供为爸爸妈妈们剪头发的服务喔！另外，店里也有为小朋友举办的活动，像是唱歌、跳舞或是画画等等。

🏠 81 Washington Street, Brooklyn, New York NY11201（位于 Front St. 与 York St. 之间）

Ⓛ 周一 11:00 ~ 19:00 / 周二 10:00 ~ 19:00 / 周三～周六 11:00~19:00 / 周日 12:00 ~ 18:00

Ⓜ A、C 线，High St. 站 / 2、3 线，Clark St. 站 / F 线，York St. 站

✈ www.pommenyc.com

Dumbo 的小店家也是多到不输给其他区，来逛一逛这几家伴随着 Dumbo 多年的老店吧！

Powerhouse Arena
人文艺术书店

提供旧书或近期出版品的书店，是专门出版艺术、绘本与时尚书籍的 Powerhouse Books 出版社旗下所开的。除了自家出版的书籍外，内部还有艺廊与不定期举办的优质展览。但是最赞的地方是儿童区，是业界公认全纽约最赞的，在这里提供了一般文具店找不到的儿童美术用品。

🏠 37 Main Street, Brooklyn, New York NY11201（位于 Water St. 与 Howard Aly 之间）

🕒 周一 ~ 周三 10:00 ~ 19:00 / 周四、周五 10:00 ~ 20:00 / 周六 11:00~20:00 / 周日 11:00 ~ 19:00

Ⓜ F 线，York St. 站 / A、C 线，High St. 站 / 2、3 线，Clark St. 站 / 2、3、4、5 线，Borogh Hall 站

➤ www.powerhousearena.com

www.brooklynicecreamfactory.com

Brooklyn Ice Cream Factory

令人爱不释手的古早味！布鲁克林冰淇淋工厂

　　这一家冰淇淋工厂将时光倒流，带着我们回味福乐冰淇淋小凉亭摊位的时代，以及经典口味的冰淇淋。这里只需要 8 种口味就足够了，有巧克力、香草、咖啡、草莓等，就是这种平民口味征服了各个年代的味蕾。这里冰淇淋的种类就是基本款，诸如圣代冰淇淋与香蕉船，却让饕客都爱不释手，从大排长龙要花上一段时间才能如愿以偿地消暑的队伍就可以看得出。

🏠 Water Street, Brooklyn, New York NY11201（Old Fulton 与 Water 的交叉路口上）

🕐 周二~周日 12:00 ~ 22:00 / 周一公休

Ⓜ A、C 线，High St. 站 / 2、3 线，Clark St. 站

✈ www.brooklynicecreamfactory.com

River cafe

气氛浪漫奢华的这一家河边餐厅,有米其林星星挂保证,是许多人的婚宴场所之首选。如果你想在河边来一顿浪漫的烛光晚餐的话,可别忘了提前订好位置喔!

🏠 1 Water Street, Brooklyn, New York NY 11201(位于 Cadman Plaza W 与 Brooklyn Bridge 之间)

🕐 每日 11:30 ~ 15:00, 17:30 ~ 23:00

Ⓜ A、C 线,High St. 站 / 2、3 线, Clark St. 站

➤ www.rivercafe.com

West Elm

家具家饰店

来自旧金山直接送达 Dumbo 的家具店,在纽约开的第一家分店就在这里,小至居家装饰,大到大型家具都可以在这里找得到。

🏠 75 Front Street, Brooklyn, New York NY 11201(Front St. 与 Main St. 的交叉路口上)

🕐 周一~周六 10:00 ~ 20:00 / 周日 11:00~18:00

Ⓜ A、C 线, High St. 站

➤ www.westelm.com

240

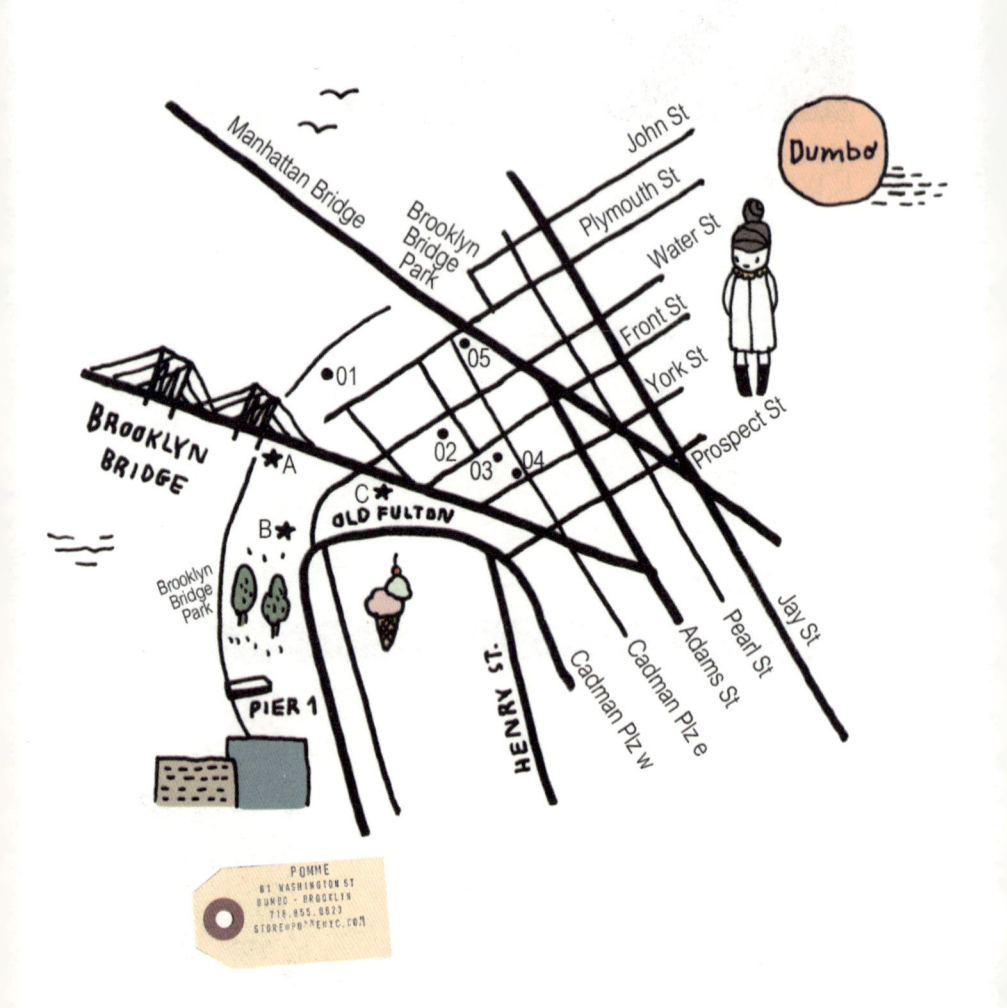

MAP

- ● 地标、商店、市场、百货公司、饭店、公园、娱乐地点
- ★ 餐厅、咖啡厅
- ■ 博物馆、艺廊
- ▣ 地铁

- ● 01– Jane's Carousel
- ● 02– Powerhouse Arena
- ● 03– West elm
- ● 04– Pomme
- ● 05– Dumbo Arts Center

- ★ A– River cafe
- ★ B– Brooklyn Ice Cream Factory
- ★ C– Grimaldi

THIS WAY UP
HANDLE

NO BICYCLES
OR
ROLLER SKATES
ALLOWED ON
TENNIS COURTS
Easy Street?

高格调路线

Williamsburg 威廉斯堡
新生代艺术初试啼声的大舞台

　　从曼哈顿过来仅一个地铁站的距离，就可以到达布鲁克林区的威廉斯堡，这里可说是超有独特艺术风格与高格调品味的地方，是住宅与夜店混合在一起的地区。从 20 世纪 70 年代开始，就有一堆艺术家跑来这里落脚生根，到了 20 世纪 90 年代就越来越热闹了，有从苏活区与东村一带搬过来的艺术家，这里就变成了艺廊与独立剧场的集中地，也是许多新生代现场演奏乐团的发源地。威廉斯堡就像是新生代艺术家初试啼声的大舞台，我们才能够看到新奇古怪的东西不断出现，甚至走出去外面的大舞台，也都是值得注意的地方。

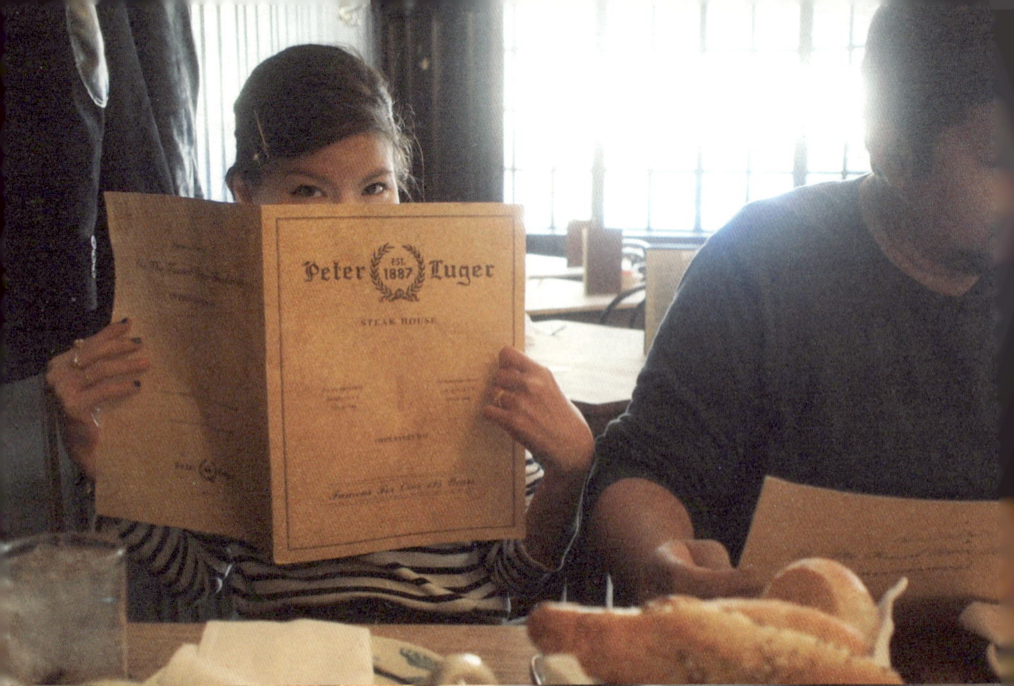
Peter Luger
EST. 1887
STEAK HOUSE

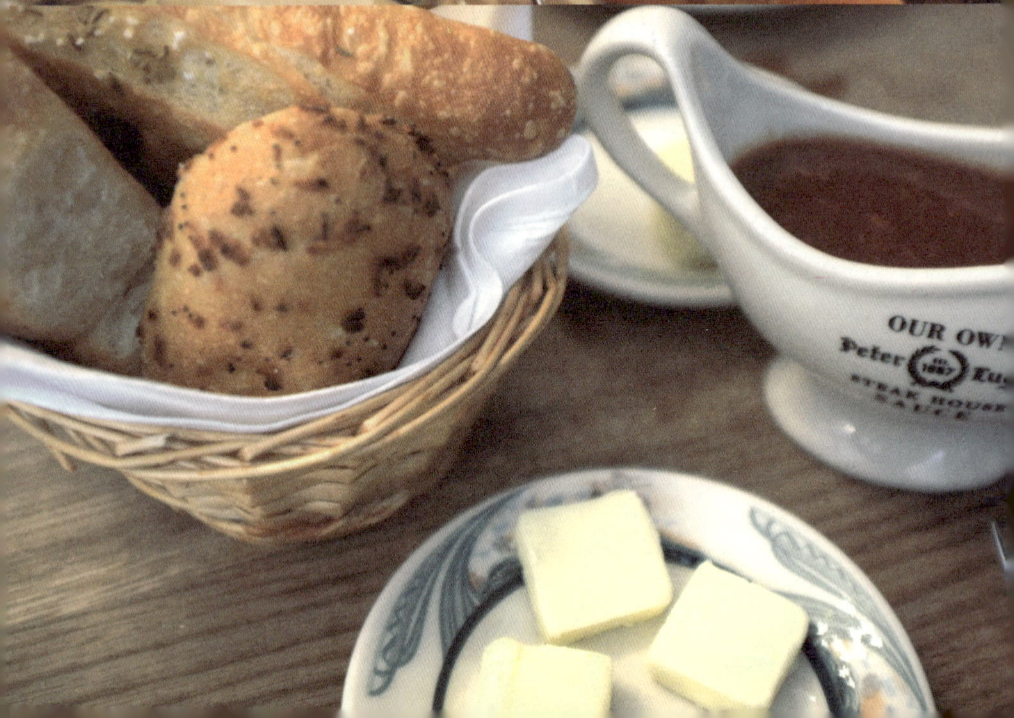
SAUCE

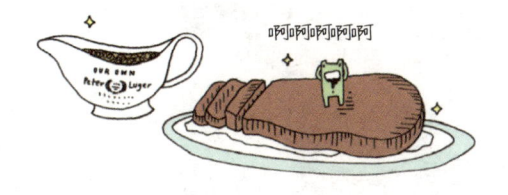

Peter Luger

全纽约最好吃！滋滋作响的顶级牛排

如果有一天要写一本跟美食有关的书，书中会有什么样的食物呢？

第一个浮现脑海的答案，就是"破坏健康的美食"（嘿嘿）。我对肉与淀粉的迷恋程度，一点都不输给鱼类与蔬菜，可以说是营养均衡，只是偏向破坏的方向的均衡。所以，顶级牛排当前，香味如此的诱人，咀嚼肉块滋滋入味，这下子谁还能抵挡得住呢！

当为自己找好充分的理由之后，传说中无敌好吃的彼得·卢格尔（Peter Luger）出品的牛排，号称是全纽约最好吃的牛排，经营长达125年之久的老字号，当然有足够让人愿意去排队等待牛排送上舌尖的价值。

Peter Luger的店在布鲁克林的威廉斯堡桥一带，离购物区不远，并保持着老字号牛排馆的风格，只要注意看大楼外墙广告上，箭头指向店的方向，很容易就能找到店面了。不过并不是找到店面之后就那么容易吃得到，这里要事先订位的喔！如果想来烛光晚餐，可是要在一个多月前订位，我们就以亲身体验过了，吃过一顿午餐却流连忘返想尝试一下晚餐，双脚自动就带我们回到Peter Luger，然

而还没开口就被击退了，无论眼睛怎么拼命地眨，服务生小姐坚持不通融。如果没有事先订位的话，像我们这种好傻好天真的观光客，建议吃中午就好了，而且不用订位，在店刚开门的时间去，保证不会失望而归。

从1887年至今，Peter Luger所得到的热烈好评与奖项已经贴满了整面墙壁，他们所挑选的肉品都是经过严格筛选，Short Lion（牛的前腰部）是店员替我们挑选的，搭配独门秘方的酱汁，这就是店家口中让他们的牛排住进你心里的秘密道具，一点都不输给油花如大理石纹般密布均匀的那一块沙朗牛排。在铁板上以适当的火候慢煎的时候，发出的滋滋声响根本就是在呼唤你那蠢蠢欲动的味蕾，这种感觉真是难以用文字加以形容啊！

在这里吃牛排的方法，首先要开胃，先挑大块的西红柿，或是比其他地方看到都还要厚的培根，还煎到边缘稍微烧焦，没有理由让你会想错过。接下来是亲爱的牛排，有单人份的牛排，也有双人份，甚至是四人份量的超级大牛排，建议如果来两个人的话，点两份就好。他们有一种上菜的规定，其实是为了降低饕客因为等太久想吃肉而出现坐立难安的行为，将小碗朝下放着一直到牛排被端上桌，从这步骤开始就是等待美食上菜的时刻了，滋滋的油爆声，服务生将牛肉切分给桌上的每一位,接下来就是把眼前厚实软嫩又香甜的肉切下一小块送进口中的时候了。

让牛排满足了味蕾之后,可别错过了这里的甜点,因为好吃的程度不相上下,所有菜单上的点心都会搭配 Homemade Schlag,也就是手工奶油。不怕被吃光似的大方给,还先装在碗里倒给你,甜度油腻度刚刚好,甜点吃光了还可以继续单吃奶油,熊熊忘记问自己:"咦?这也是身体需要的吗?"

而且相信过了这一餐后,接下来的好几个小时都会一直喊着好饱好饱,但是当一切都消化完了之后,味蕾又在呼唤那绝妙好滋味,声音轰轰地在脑里回响呢!

🏠 178 Broadway, Brooklyn, New York NY11211(位于 6th St. 与 Driggs Ave. 之间)
🕐 周一~周四 11:45 ~ 21:45 / 周五、周六 11:45 ~ 22:45 / 周日 12:45~12:45
Ⓜ F 线,Delancey St. 站 / J、M、Z 线,Marcy Ave. 站
✈ www.peterluger.com

Marlow & Sons / Marlow & Daughters

这一家的儿女真是赞！肉品杂货店

马洛（Marlow）家族是从安德鲁·塔罗（Andrew Tallow）与马克·弗思（Mark Firth）两个布鲁克林最热门的餐饮老板联手创立的，两个人在布鲁克林开了一家很酷的店叫 Diner，离这里不远，而且同时也为别家餐饮店做咨询顾问，不管开了几家都是人气名店，大家都想来吃晚餐或豪饮一杯。

在 Marlow & Sons 有一长段木头的吧台，吧台内提供多种酒精饮料，以及主食与精选自各地的牡蛎，也可以请服务生介绍餐点的口味，他们把员工训练得很好，每个人都笑容可掬，对于小细节无微不至到就像自己是店长一样。前面的空间是咖啡厅与商店，贩卖精选自世界各地的小物，每一件商品都独具风格，还有来自泰国的彩色麻袋呢！若是国内设计的商品，则有小出版社的杂志做介绍，内容着重在生活风格；也有自家发行的《餐厅》（*Diner Journal*）杂志，一年发行四期，是专门介绍美食的酷炫杂志，内容好读易懂且编排也

很亮眼。除此之外还贩卖其他食材,像是奶制品或是来自绿色市场(Greenmarket)的蔬菜水果,而这也是Marlow & Sons与Diner菜单上的食物所使用的食材来源。

晚餐时间,位置很快就被坐满了,这里不接受事先订位,店内我们会看见来约会的年轻男女,或是来畅饮的男男女女挤满了整间店。

女儿店Marlow & Daughters则是以贩卖牛肉、调味料与食材为主,都是从农场直送的当季食材,由老板亲自挑选,只有够上等、够新鲜的才会让在店里供应;同时是Diner与Marlow & Sons主厨的卡洛琳·菲丹扎(Caroline Fidanza)也在这里把关,他们对牛肉的筛选非常严格,不仅是挑选优质的牛肉,连切肉方法都很讲究,这样才能让食物充分发挥它应有的价值与口感,给顾客最满意的选择。而我喜欢这里的饼干甜点,他使用的牌子较少见,有些是老板自创、小量贩卖的饼干,尤其是焦糖牛奶糖,吃了之后会希望它永远不要融化,就会知道让人大老远搭车专程来买这颗糖果的魅力有多大。

在 Peter Luger、Marlow & Sons 与 Marlow & Daughters 的周边，从贝德福大道（Bedford Avenue）、特利斯大道（Driggs Avenue）沿路往北的方向，有值得注意的商店、餐厅与一些地方，而这些就是来威廉斯堡的必访景点与路线。

Marlow & Sons

- 81 Braodway Williamsburg, Brooklyn, New York NY11249
- 周日 8:00 ~ 12:00, 12:00 ~ 16:00, 17:00 ~ 24:00
- J、M、Z 线，Marcy Ave. 站 / L 线，Bedford Ave. 站
- www.marlowandsons.com

Marlow & Daughters

- 95 Braodway, Brooklyn, New York NY11211
- 周一 ~ 周六 11:00 ~ 20:00 / 周日 11:00~19:00
- J、M、Z 线，Marcy Ave. 站 / L 线，Bedford Ave. 站
- www.marlowanddaughters.com

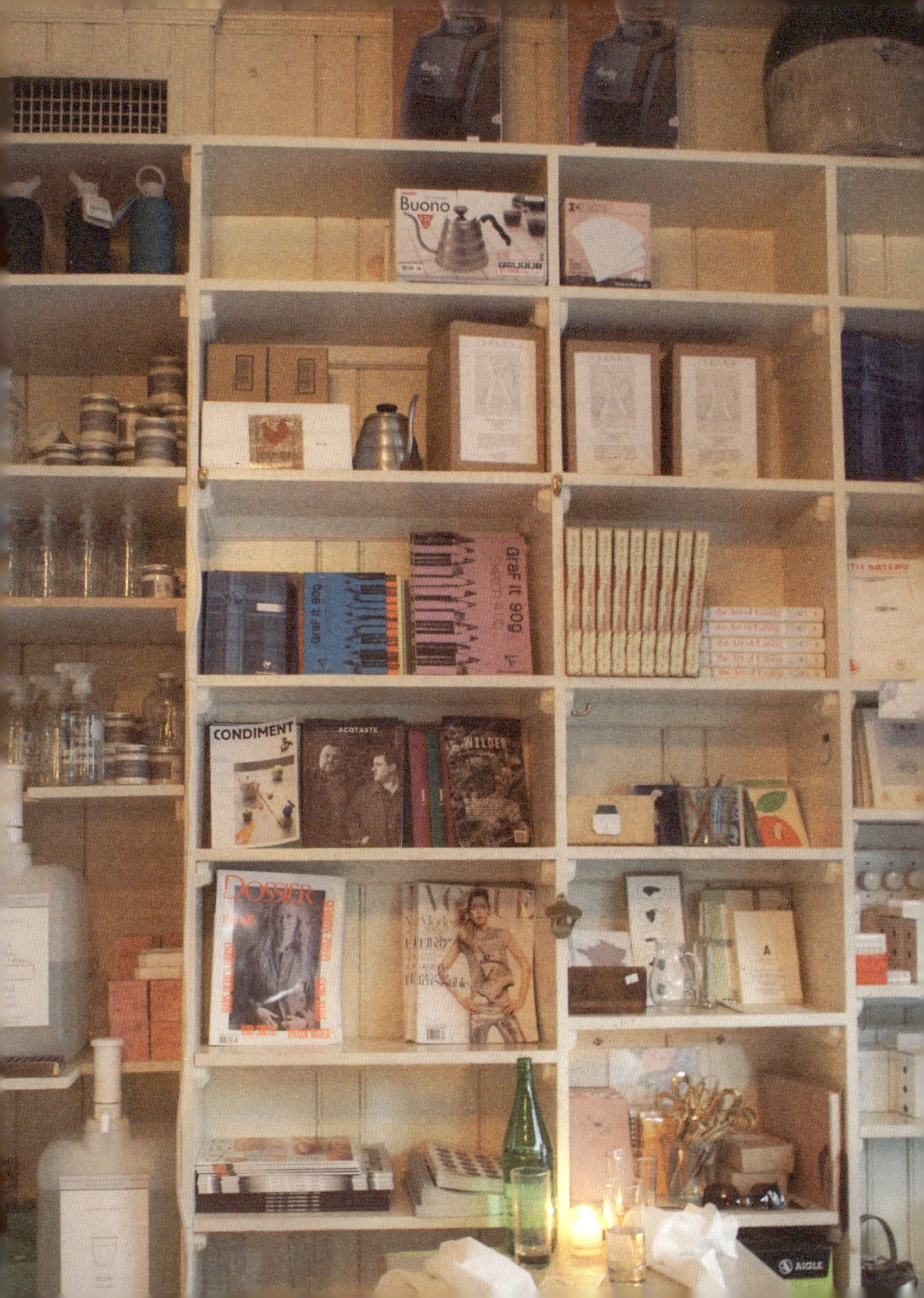
Buono
GraF it 90g
CONDIMENT
WILDER
DOSSIER
AIGLE

Williamsburg
ARTISTS Flea
MUSIC Hall
Bedford L/7th
M.
Havemayer St
n 9th St
n 8th ST
n 7th ST
n 6th ST
n 5th ST
01
n 4th ST 02
n 3rd ST
METROPOLITAN AVE.
Marcy Ave
GRAND ST.
s 1st St
A
03
s 2nd St
04
s 3rd
B
s 4th
s 5th
Roebling St
Havemeyer St
KENT AVE.
WYTHE AVE.
S 6th ST.
C
D
E
M.
Marcy
WILLIAMSBURG BRIDGE
s 8th St
s 9th St
s10th St
KENT AVE.
WYTHE AVE.
Berry St
Bedford Ave
DRIGGS ST
Roebling St

MAP

- 地标、商店、市场、百货公司、饭店、公园、娱乐地点
★ 餐厅、咖啡厅
■ 博物馆、艺廊
🚇 地铁

- 01– Spoonbill
- 02– Knitting Factory
- 03– Supercore
- 04– Superior

★ A– DuMont Burger
★ B– Rabbit Hole
★ C– Marlow & Sons/Daughters
★ D– Diner
★ E– Peter Luger

PAPER
ONLY

Greenpoint

　　从威廉斯堡往北方走，有一个小地区叫 Greenpoint，位在东河河岸，可以从码头搭船过来。这里大多是住宅区，以前曾经是农场用地，后来因为地利之便改造成造船厂，再后来开始出现波兰与其他国家的新移民者，在此地盖了工厂，而由于威廉斯堡一带的地价很贵，使得 Greenpoint 逐渐热闹了起来，于是开始出现热闹方便的购物街，唱片乐行、古董商店与咖啡厅应有尽有，是我最喜欢的布鲁克林的商街之一。

Ana Chronos

到 Erica Dobbs 家翻箱倒柜

埃丽卡·多布斯（Erica Dobbs）小姐把橱窗摆饰弄得让我好想立刻冲进店里面看一看，第一眼就先看到五颜六色的晚礼服挤满了整个衣架，店内明亮的采光让人想要拿起每一件衣服到试衣间把玩一番。Erica Dobbs 小姐很亲切地让我们逛遍整间店，感觉就像打开了她家的衣柜，把衣服一一拿出来试穿，有时候拿到超人气款或她也很喜欢的衣服的话，还会跟我们分享那件衣服的故事，甚至邀请我们到她的工作室参观，那里有她养得胖胖的猫儿一起帮忙看店呢！

Erica Dobbs 以独到的眼光挑选复古服饰的风格，使 Ana Chronos 看起来很迷人，洋装、鞋子，甚至是 20 世纪 20 年代的小饰品，看起来都很有独特的味道；长裙洋装应该是 Dobbs 小姐特别钟爱的款式，因为后面还藏了好多件，她都舍不得展示呢！

🏠 135 Franklin Street, Brooklyn, New York NY11222
🕒 周三~周日 12:00 ~ 20:00
Ⓜ G 线，Greenpoint Ave. 站
✈ www.anachronosnyc.com

R.B.W

加拿大品牌 Raised by Wolves

贝瑟尼（Bethany）与马克思（Max）两夫妻一起开的小精品店，他们会一起挑选服饰、配件饰品与居家饰品，摆在小小的店面却很温馨的R.B.W店里。店名是由Raised by Wolves各取其第一个字母而来，两人曾经担任过创意总监，眼光自不在话下，店里卖的商品都很吸引人，我喜欢居家装饰区，他们有好多不同的野狼图案让我们选择。

🏠 174 Franklin Street, Brooklyn, New York NY11222
🕐 周二~周五 12:00 ~ 20:00 / 周一公休
Ⓜ G 线，Greenpoint Ave. 站
✈ www.raisedbywolves.ca

前往 Greenpoint 只有一条地铁路线可以到达，让你从南区直接到达 Greenpoint。

ANA CHRONOS

MAP

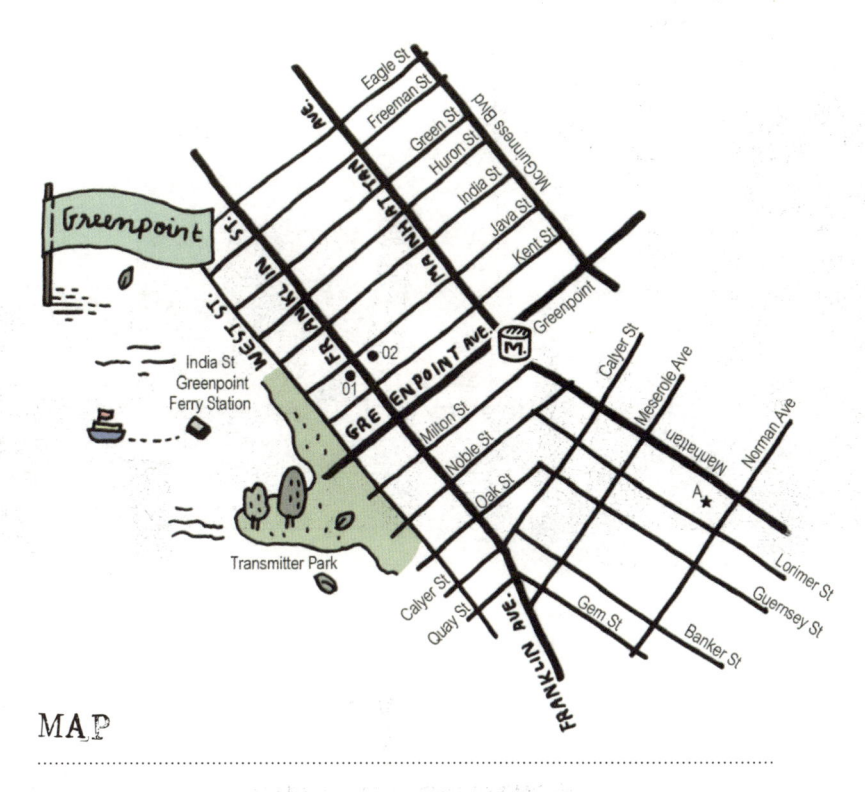

- 地标、商店、市场、百货公司、饭店、公园、娱乐地点
- ★ 餐厅、咖啡厅
- 博物馆、艺廊
- 地铁

- 01– Ana Chronos
- 02– Raised by wolves

★ A– Peterpan donut

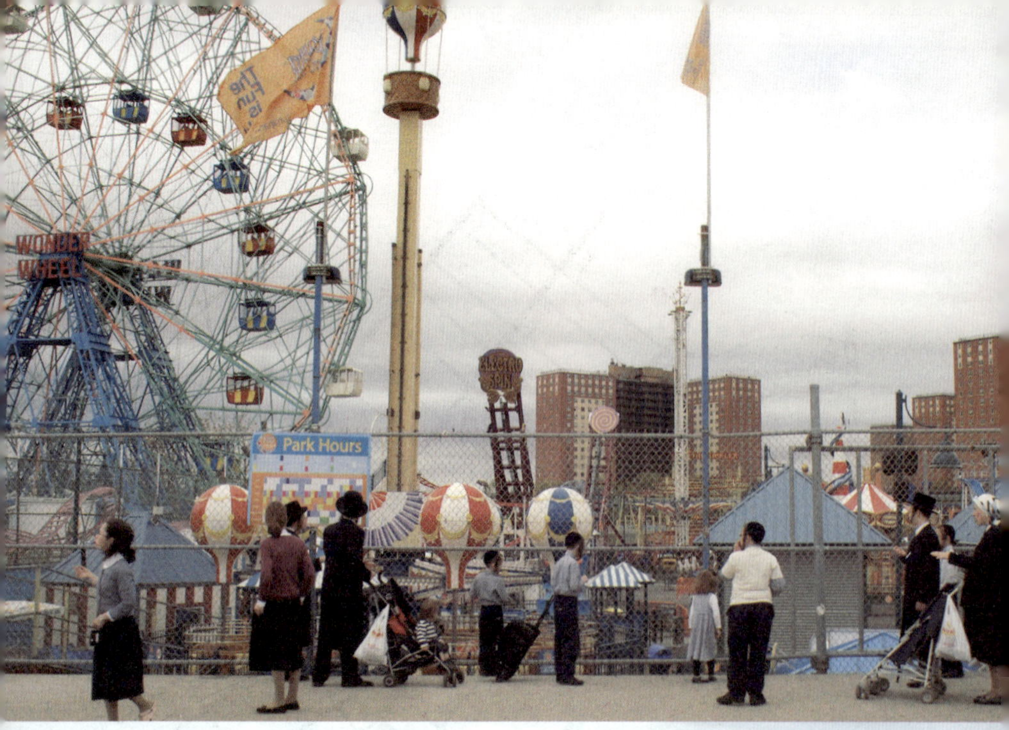
WONDER WHEEL
Park Hours
ELECTRO SPIN

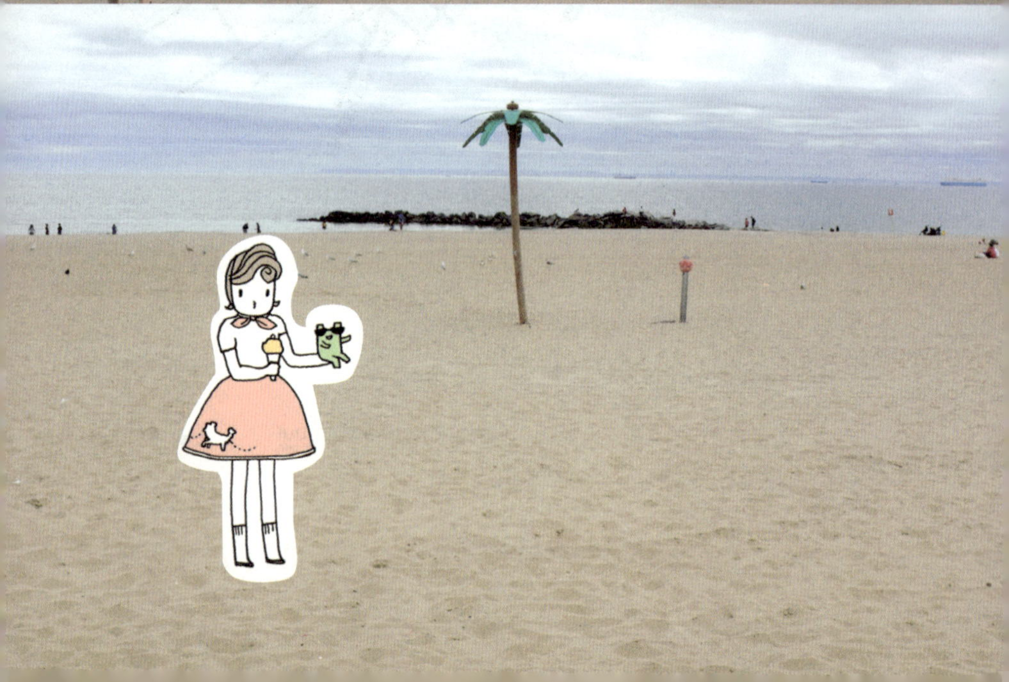

来吧宝贝
肥胖我不怕

Coney Island

在康尼岛日光浴、玩风帆、吃冰淇淋

　　我们到这里的第一件事情,就是向 Nathan's Famous 直奔过去。这家自从 1916 年营业至今的热狗店,一到就马上点热狗加浓郁可口的奶酪,再点一杯麦根沙士刚好一个套餐,再加一份炸薯条上面盖上培根,毫无顾忌地大口大口咬下,浓郁的起司与大量的淀粉为血液中的胆固醇加码,身体脂肪暴增之后,接着继续到古典风游乐园玩耍去。

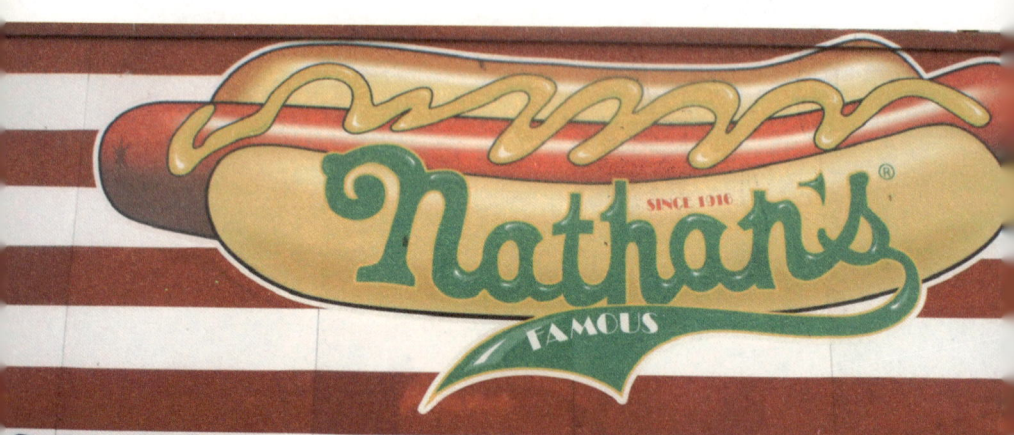

OF THE INTERNATIONAL

OG EATING CONTEST"

263

康尼岛是位于大西洋岸布鲁克林南方的半岛与沙滩，海岸线从希捷小区（Seagate）延伸到布莱登海滩（Brighton Beach），最后终至曼哈顿海滩，海岸边的木条地板铺得非常有经典味。我们去的那一天是阴天，没有大太阳曝晒，天空呈现灰蒙蒙的颜色，延伸至海里的沙滩轻轻打上海浪，这样其实人潮还是很多的，虽然不能跟全盛时期相比，但它仍是迪士尼乐园成立以前的经典代表，成立于1895年，可说是北美洲的第一座游乐园。

　　由三大相邻的游乐园联合起来，其中有月神乐园（Luna Park）、梦想乐园（Dreamland）与越野障碍赛马乐园（Steeplechase Park），这三个游乐园已经被列入国家级的历史古迹喔！其中之一是The Cyclone，用木头做成的云霄飞车，经典但又带点恐怖，叫我上去玩的话，也是会胆战心惊的吧！

　　在康尼岛这里除了观光客之外，泰国人似乎不太喜欢来，因为在我们去 Nathan's Famous 点餐时，曾遇到来打工度假的泰国人，他们看到一群泰国人出现显得有点惊喜，不知道是不是因为她的惊喜造福我们多拿了一些点心，嘻嘻。回到主题，除了观光客之外，这里也是当地人的休闲景点，做日光浴、玩风帆、吃冰淇淋，如果想来体验一下美式的休闲气氛，康尼岛能给你十足的复古气氛喔！

我喜欢这个时代的牌子,有的是广告牌子、店名招牌等等,高对比颜色的大型广告牌,字型也保有50年代特有的风格,美到让人忍不住停下脚步来拍照呢!

叭叭
咕咕

Coney Island康尼岛

- 每日 12:00 ~ 17:00
- D、F、N、Q线,Still well Ave. 站
- www.coneyisland.com

Nathan's Famous

- 1310 Surf Avenue, Coney Island, Brooklyn, New York NY11224(位于 Schweikerts Wall 与 Stillwell Ave. 之间)
- D、F、N、Q线,Stillwell Ave. 站
- www.nathansfamous.com